15 LIÇÕES
PARA
Transformar
SEU
Casamento

Fundamentos para a construção de uma forte família debaixo da graça

DAVID & CAROL SUE MERKH

© 2013 por David J. Merkh &
Carol Sue Merkh

3ª edição: julho de 2020
2ª reimpressão: julho de 2023

REVISÃO
Josemar de S. Pinto

CAPA
Douglas Lucas

DIAGRAMAÇÃO
Sônia Peticov

EDITOR
Aldo Menezes

COORDENADOR DE PRODUÇÃO
Mauro Terrengui

IMPRESSÃO E ACABAMENTO
Imprensa da Fé

As opiniões, as interpretações e os conceitos emitidos nesta obra são de responsabilidade dos autores e não refletem necessariamente o ponto de vista da Hagnos.

Todos os direitos desta edição reservados à
EDITORA HAGNOS LTDA.
Rua Geraldo Flausino Gomes, 42, conj. 41
CEP 04575-060 — São Paulo, SP
Tel.: (11) 5990-3308

E-mail: hagnos@hagnos.com.br
Home page: www.hagnos.com.br

Editora associada à:

Dados Internacionais de Catalogação na Publicação (CIP)
Angélica Ilacqua CRB-8/7057

Merkh, David J.

15 lições para transformar seu casamento: fundamentos para a construção de uma forte família debaixo da graça / David J. Merkh & Carol Sue Merkh. — São Paulo: Hagnos, 2020.

ISBN 978-85-243-0555-9

1. Casamento: aspectos religiosos; aconselhamentos bíblicos
2. Casamento: Bíblia: comentários
3. Deus
4. Vida cristã
I. Título
II Carol Sue Merkh.

19-1510   CDD 268:486

Índices para catálogo sistemático:
1. Casamento: vida religiosa: aconselhamentos bíblicos   268:486

Para os alunos e ex-alunos do Seminário Bíblico Palavra da Vida e para os casais da Primeira Igreja Batista de Atibaia, "cobaias" no desenvolvimento deste material ao longo de muitos anos.

Que esta série de estudos reforce valores bíblicos e estimule sua aplicação prática em lares, visando a um reavivamento verdadeiro na igreja brasileira a partir da família.

Se o SENHOR não edificar a casa,
em vão trabalham os que a edificam...

(Salmos 127:1a)

Agradecimentos

Louvamos a Deus pela oportunidade de lançar a revisão completa da série *15 lições para transformar seu casamento*, anteriormente chamada de *Construindo um lar cristão*. Desde a sua primeira publicação, muitas igrejas a inseriram em seu currículo de ministério com famílias. Somos gratos por isso.

Ao longo desses anos, recebemos sugestões para melhorar os materiais desta série. Agradecemos a todos aqueles que de alguma forma contribuíram para o aperfeiçoamento dos estudos. Acima de tudo, minha gratidão a Deus pela esposa que, conforme o padrão bíblico determina, tem sido minha melhor amiga durante mais de trinta anos. Como o ferro com ferro se afia, assim foram as sugestões dadas por Carol. Mais que qualquer outra colaboração, suas ideias aperfeiçoaram este material. Juntos, ministramos os estudos apresentados nesta obra. E inúmeras vezes ela me incentivou a continuar com este projeto, para que casais em todo o Brasil pudessem se beneficiar do material. Finalmente, minha gratidão a você, que se dispõe a acompanhar esta série de estudos que podem ser usados por Deus para transformar sua vida e seu lar. Deus o abençoe ricamente.

Pr. David J. Merkh

Sumário

Prefácio 9
Introdução 11

Parte I: Alicerces: Começando bem

1. Perdão na família 25
2. Famílias em que a graça reina 34
3. Os resultados da queda 45
4. Reavivamento a partir da família.......................................55

Parte II: O plano mestre: A imagem de Deus no lar

5. Espelhando a imagem de Deus... 71
6. Protegendo a imagem de Deus na vida conjugal 81
7. Propagando e purificando a imagem de Deus:
   resgatando os filhos 94
8. Espalhando o reino de Deus: a família
   como centro da expansão do reino 106

Parte III: Materiais de construção: Crescimento conjugal

9. Aliança conjugal: união indissolúvel 119
10. Amizade conjugal: amigos para sempre 128
11. Comunicação conjugal 140

12. Equilíbrio financeiro no lar 156
13. O propósito de Deus para o sexo 174
14. O papel do marido 190
15. O papel da esposa 205

Apêndice 1: Caderno de oração 224
Apêndice 2: Perguntas para perfis 225
Apêndice 3: Lição alternativa: Por que grupos pequenos? 229
Conclusão 235

Prefácio

Conta-se a história de um casal recém-casado que, depois de uma semana de lua de mel na praia, voltou ao seu apartamento. Mal haviam guardado suas coisas, o marido virou-se para a esposa e declarou:

— Querida, em nossa lua de mel descobri alguns defeitinhos em você que eu não via antes. Você quer que eu lhe mostre quais são?

— Não, obrigada — foi a resposta dela. — Eu convivo com meus "defeitinhos" há muito mais tempo do que você e os conheço muito bem. Além disso, se eu não os tivesse, teria arranjado um marido bem melhor...

Esperamos que esse diálogo NÃO retrate seu casamento. Infelizmente, porém, muitos casais não têm interesse em mudar e melhorar seu relacionamento. Nosso desejo é que vocês façam estes estudos com o anseio não somente de descobrir alguns "defeitinhos" em sua vida, mas também de consertá-los para o bem de seu casamento.

Em primeiro lugar, elaboramos o currículo de estudos bíblicos porque o ministério com casais tem se propagado muito no Brasil. Infelizmente, o interesse pelo ministério com famílias não tem sido acompanhado por número correspondente de currículos bíblicos, contextualizados e práticos. Em segundo lugar, compilamos estes estudos atendendo ao apelo de amigos, ex-alunos, pastores, líderes e casais para que fosse preparado material bíblico, prático, atraente e fácil de ser usado em classes de casais, grupos familiares pequenos ou em aconselhamento pré-nupcial. Estudos contextualizados, com ilustrações geradas em um contexto brasileiro, sem notas do tradutor explicando realidades norte-americanas!

A série *15 lições para transformar seu casamento* foi preparada visando a igrejas e grupos de casais que desejem assumir um compromisso sério com Deus e Sua Palavra. Não nos desculpamos pela ênfase altamente bíblica aplicada nestes estudos, embora nos tenhamos esforçado para destacar as aplicações práticas desses textos. Desejamos deixar de lado o "oba-oba" dos manuais de autoajuda e as ênfases preocupantes em temas que a Bíblia não destaca, a fim de enfatizar o que Deus enfatiza.

Deus o abençoe no estudo destas lições, levando-os a um tempo de estudo rico, cheio de comunhão, fazendo gerar mudanças que transformem vidas e famílias para a Sua glória.

David e Carol Sue Merkh

Introdução

Como usar este material

Bem-vindos à série *15 lições para transformar seu casamento*! Desejamos que ela resulte em experiência de grande aprendizagem e crescimento para casais.

Estes estudos constituem uma espécie de discipulado. Nosso alvo é nos tornarmos cada vez mais semelhantes a Cristo Jesus.

Desenvolvemos esta série depois de ministrar para casais durante vários anos em muitos contextos diferentes. Tentamos apresentar as lições de maneira simples, a fim de que sejam usadas sem dificuldade. E, para facilitar ainda mais o uso deste material, gostaríamos de dar algumas sugestões:

Panorama dos estudos

Neste primeiro material de estudos, examinaremos os fundamentos de um lar verdadeiramente cristão. Nossa divisa vem do "salmo do lar" — *Se o* SENHOR *não edificar a casa, em vão trabalham os que a edificam...* (Salmos 127:1a).

Estudaremos o alicerce do lar que o Senhor edifica. Primeiro, veremos as características de uma família que vive a realidade do perdão de Deus como fruto da graça divina, revelada na cruz de Cristo. Analisaremos os resultados catastróficos que a queda produziu na família e a restauração feita pelo evangelho.

Depois, vamos nos aprofundar no propósito de Deus para a família: espelhar e espalhar a imagem de Deus. Essa imagem deve ser protegida no relacionamento a dois, propagada nos filhos e purificada desde o namoro e o noivado.

Na terceira parte do material, definiremos o que constitui um casamento aos olhos de Deus — a aliança conjugal — e traçaremos o ideal bíblico para o casamento: uma amizade cada vez mais íntima a serviço do Rei. Depois, trabalharemos alguns "materiais de construção", incluindo a comunicação conjugal, finanças no lar, sexualidade, o papel do marido e o papel da esposa.

Nos apêndices, incluímos uma lição alternativa que poderá servir como primeira lição dos estudos, especialmente se o ministério com grupos pequenos for algo novo para a sua realidade. A lição alternativa "Por que grupos pequenos?" estabelece uma base bíblica para a convivência e a mutualidade desse tipo de encontro.

Benefícios desta série de estudos

1. Oferece oportunidades para o casal focalizar e aperfeiçoar seu crescimento conjugal.
2. Promove comunhão e mutualidade entre pessoas com interesses comuns.
3. Exige apenas um compromisso a curto prazo dos membros do grupo.
4. Não requer um "profissional" para liderar o grupo; somente um "facilitador".
5. Focaliza o texto bíblico, e não as opiniões humanas, como a autoridade final para a vida e o casamento.
6. Não requer treinamento especial e tampouco supervisão fora do contexto da própria igreja.
7. Leva à aplicação prática dos princípios aprendidos.
8. Segue o modelo bíblico de encontros em grupos familiares pequenos (v. Atos 2:41-47; Hebreus 10:24).
9. Funciona como curso de discipulado na vida cristã.

10. É versátil, sendo facilmente adaptável ao uso em grupos pequenos, Escola Bíblica Dominical (EBD), aconselhamento pré ou pós-nupcial e em muitos outros contextos.

Compromisso do grupo

Existem alguns requisitos básicos para o bom funcionamento de um grupo de estudo bíblico familiar. Por se tratar de um currículo breve, todos os participantes do grupo devem concordar em cumprir o que determinam estes quatro "Ps":

- **Presença** — Procurar não faltar aos encontros. É recomendável que AMBOS — marido e esposa — estejam presentes aos encontros e que AMBOS façam as tarefas!
- **Pontualidade** — O atraso de alguns minutos pode prejudicar não somente o casal, mas o grupo inteiro.
- **Participação** — Todos os estudos pressupõem uma participação ativa dos membros do grupo. Ninguém estará "lecionando" para o grupo; por isso, cada membro precisa fazer sua parte para participar das discussões, sem dominar a conversa.
- **Privacidade** — Nenhum membro do grupo deve compartilhar na reunião algo que possa constranger o próprio cônjuge ou outro membro do grupo. Não deve ainda compartilhar fora do grupo o que foi falado em boa-fé e em confidência numa reunião.

Antes de prosseguir com os estudos, é importante orar, como grupo, sobre esse compromisso. Deus os abençoe ricamente enquanto firmam alicerces matrimoniais cada vez mais fortes.

Uma palavra ao líder do grupo

Parabéns. Pela graça de Deus, você será o facilitador de um grupo de estudo da série *Construindo um lar cristão*. Sua tarefa é de extrema importância e exigirá muita dependência do Senhor. Talvez você se sinta incapaz, e isso é bom. Você está em boa companhia, pois o próprio apóstolo Paulo declara: *Não que sejamos capazes de pensar alguma coisa, como se viesse de nós mesmos, mas a nossa capacidade vem de Deus. Foi ele quem também nos capacitou para sermos ministros de uma nova aliança, não da letra, mas do Espírito* (2Coríntios 3:5,6). Como alguém afirmou, "Deus não chama os capacitados; ele capacita os chamados".

Gostaríamos de dar algumas diretrizes que poderão ajudá-lo no serviço ao seu grupo. Anime-se! Deus pode usar sua vida para provocar mudanças não somente em sua família, mas também na família de muitos outros casais.

Como iniciar seu grupo

As lições apresentadas aqui podem ser usadas em quase todos os contextos, embora o ideal seja aplicá-las em um grupo pequeno de casais (cinco a sete casais), em uma classe de Escola Bíblica Dominical ou até mesmo em encontros de aconselhamento pré-nupcial.

Sugerimos que, antes de iniciar seu grupo, você **converse com a liderança de sua igreja** a fim de garantir o apoio aos estudos e ao grupo. É preciso que seja escolhido um casal para a função de "**líderes**" ou "**facilitadores**" do grupo. Um segundo casal deve ser escolhido para atuar como **casal anfitrião** (caso os estudos sejam realizados numa casa). E um terceiro casal deve atuar como **colíder** do grupo.

O passo seguinte é **convidar alguns casais** para participarem do primeiro grupo de estudo, caso este ainda não tenha sido formado. Pense em casais que se mostrem prontos para estudar e aprender, desejosos de crescer como casais e que tenham tempo e disponibilidade para frequentar os encontros até o final da série de estudos. É melhor começar com um único grupo e depois expandir para incluir mais casais e mais grupos do que tentar abraçar o mundo desde o início.

O último passo será **marcar a primeira reunião.** Muitos grupos gostam de começar as atividades com uma social informal (piquenique, refeições tipo "juntar panelas", sobremesa, churrasco, jantar romântico). Se você, como líder, quiser, poderá ministrar a primeira aula nesse primeiro encontro ou até mesmo apresentar a lição opcional sobre a importância de grupos pequenos (v. Apêndice 3). No encontro, você deve apresentar o material, acertar os detalhes das reuniões — onde e quando elas se realizarão — e alistar as encomendas de materiais para o primeiro encontro oficial. O ideal é que o marido e a esposa tenham materiais separados, pois seria muito fácil somente uma pessoa fazer as anotações e cumprir as tarefas escritas. Com um material único, também fica mais difícil que ambos acompanhem as perguntas e discussões do estudo.

Tarefas do líder

Acima de tudo, a tarefa do líder resume-se na palavra "facilitar". O líder não precisa ter resposta para todas as perguntas levantadas nas reuniões do grupo. Não precisa ter uma família "perfeita". Não precisa gastar horas e horas preparando lições e recursos visuais. Precisa, antes, estar disposto a servir a Deus como bom administrador da Sua multiforme graça (v. 1Pedro 4:10,11). Precisa preparar-se suficientemente para o bom funcionamento do seu grupo. E precisa depender de Deus para efetuar mudanças permanentes na vida familiar dos casais que compõem o seu grupo.

Os líderes de grupo devem ser pessoas comprometidas com o ministério de casais, com visão para alcançar a família pelos princípios da Palavra de Deus. Devem ser responsáveis, crentes fiéis, com famílias sadias, mesmo que não perfeitas. Precisam correr atrás de respostas às perguntas "cabeludas" que ocasionalmente sejam levantadas no grupo. A seguir, apresentamos um resumo das responsabilidades do líder do grupo:

- Convidar pessoas para compor o grupo e manter o registro dos membros.
- Verificar o lugar, o horário e a duração dos encontros, providenciando alguém para cuidar das crianças que acompanharem os membros do grupo.
- Adquirir um número suficiente de materiais para serem entregues aos membros do grupo.

- Coordenar, junto com os anfitriões, isto é, o casal em cuja casa vai se realizar o encontro, a arrumação do espaço, a disposição de móveis na sala e o lanche que será servido.
- Estudar a lição antes do encontro, fazendo a leitura apropriada, estudando as "dicas", as sugestões e os comentários e esclarecendo quaisquer dúvidas que surjam antes da reunião.
- Cumprimentar os membros do grupo na chegada para a reunião; iniciar o estudo pontualmente e conduzi-lo de forma sábia, sensível às necessidades do grupo e dos anfitriões.
- Dirigir a discussão, sem dominar o estudo nem lecionar o conteúdo deste. O líder deve FACILITAR a aprendizagem e o compartilhamento de TODOS os casais.
- Na medida do possível, incentivar a participação de TODOS nas discussões, evitando que haja um membro dominante no debate.
- Terminar o encontro com uma oração, atentando para o horário combinado para o encerramento.
- Avaliar o progresso do grupo, fazendo as mudanças necessárias e esclarecendo, com o coordenador do ministério com casais, dúvidas que por acaso surjam.

Tarefas do colíder

O colíder pode ser um "líder em treinamento", um ajudante do líder ou alguém com quem se dividam todas as responsabilidades de liderança do grupo. Em termos gerais, suas tarefas incluem:

- Ajudar o líder do grupo em quaisquer necessidades que surgirem.
- Substituir o líder quando este precisar faltar à reunião.
- Ministrar alguns estudos sob a coordenação do líder.
- Manter a chamada (lista de frequência) do grupo e procurar entrar em contato com os membros que eventualmente faltarem.
- Caso haja lanche, coordenar a escala feita para isso, lembrando aos casais escalados sua responsabilidade.
- Promover, junto com o líder, um ou mais eventos sociais extras com o grupo.

- Avaliar, com o líder, o progresso do grupo e o andamento de cada estudo.

Tarefas dos anfitriões

Quando os estudos são ministrados na casa de membros do grupo, os anfitriões têm um papel muito especial. Suas responsabilidades são:

- Preparar o ambiente da sala em que será realizado o encontro, a fim de facilitar a discussão e a comunhão.
- Cumprimentar os membros do grupo quando chegarem, fazendo com que se sintam muito à vontade.
- Preparar a mesa e o lugar onde o lanche será servido.

Diretrizes para o grupo

Obviamente, há muita liberdade na maneira pela qual você poderá conduzir seu grupo. Incluímos as sugestões a seguir como guia, e não como "camisa de força". Elas podem ser adaptadas à própria realidade do seu ministério, sob a orientação do Espírito Santo e com muita oração. O resto, o Senhor fará!

Quem deve participar?

Casais desejosos de melhorar seu relacionamento conjugal, conforme os padrões bíblicos. Esses casais devem se comprometer a fazer os estudos e frequentar o grupo, dispostos a seguir os quatro compromissos do aluno:

- Presença
- Pontualidade
- Participação
- Privacidade

Pelo fato de cada lição ser construída sobre a lição anterior, recomendamos que nenhum casal seja admitido no grupo ou na classe depois de a segunda ou a terceira lição ter sido estudada.

Qual a frequência dos encontros?

O ideal é que o grupo se encontre semanal ou quinzenalmente. É possível também que os encontros sejam mensais, mas o tempo maior entre as reuniões dificultará a sequência e o aproveitamento dos estudos.

Onde o grupo deve se encontrar?

Sugerimos que os encontros sejam realizados sempre no mesmo lugar. É possível revezar a casa ou o apartamento a cada encontro, mas isso talvez crie mais problemas do que traga soluções.

E crianças?

O encontro deve ser SEM CRIANÇAS, a não ser que os casais tenham bebês que ainda não possam ficar sem os pais. O líder deve ser criativo em lidar com essa questão. Talvez alguém possa ser contratado para cuidar dos filhos dos casais em determinada casa ou até mesmo na igreja (cada casal pode contribuir com um valor "X" como gratificação para as babás de seus filhos). A presença de crianças complicará demais o desenvolvimento tranquilo das lições.

Qual a duração de um encontro?

Um tempo máximo para o encontro deve ser estabelecido. O período de estudo em uma classe de EBD deve ser no máximo de 60 minutos. Isso significa que algumas partes do estudo talvez tenham de ser excluídas, ou que uma lição deva ser dividida em duas ou mais partes. Neste material, usamos, como padrão, um encontro de duração de 90 a 120 minutos.

Quais as regras do encontro?

1. Ninguém deve dominar o período de compartilhamento.
2. A atenção dos membros do grupo não deve ser desviada do estudo para debate de questões particulares.

3. Nada que possa envergonhar um dos cônjuges ou outra pessoa do grupo deve ser compartilhado.
4. Nada que seja compartilhado de forma confidencial nos encontros deve ser revelado a pessoas que não façam parte do grupo.

Qual a fonte de autoridade para o grupo?

Os membros do grupo devem entender que, embora haja oportunidade para discussão e muita troca de opinião nos encontros, a única fonte de autoridade para o grupo será sempre a Palavra de Deus.

Qual o programa para a reunião?

Para um grupo de casais, sugerimos o seguinte programa:

- **Chegada dos casais.**
- **Terraplenagem** (quebra-gelo): 10 a 15 minutos.
- **Firmando alicerces** (revisão e compartilhamento da tarefa anterior): 10 a 15 minutos.
- **Erguendo paredes** (estudo da lição): 45 minutos.
- **Inspecionando a construção** (exposição das tarefas para a semana): 5 minutos.
- **Acabamento** (sugestões para mais estudo): 5 minutos.
- **Oração e comunhão** (lanche): 30 minutos.

Outros grupos, por exemplo, um grupo de EBD, poderão modificar esse programa de acordo com o tempo de que dispõem.

E o lanche?

Seria bom que, já na primeira reunião, fosse montada uma escala de responsáveis pelo lanche dos encontros seguintes. O lanche deve ser simples. Nada de competição para ver quem traz o melhor prato! A ênfase está na comunhão!

E o treinamento dos líderes?

Quando existe mais de um grupo de estudo na comunidade, é possível realizar um período de treinamento especial de todos os líderes e colíderes. Isso pode acontecer num retiro, num período prolongado de estudo num sábado ou numa classe de EBD. Nesse treinamento, o coordenador do ministério poderá apresentar diretrizes, ministrar os estudos, tirar dúvidas e orientar a equipe.

Como promover maior união no grupo

Sugestões:

1. A "terraplenagem" feita no início de cada lição serve como um quebra-gelo, que visa unir o grupo e promover mutualidade bíblica. Sugerimos que, a cada semana, seja feito um quebra-gelo específico. Muitas vezes, o quebra-gelo serve como transição para o tema da lição. Sugerimos também o uso de "perfis" (entrevistas dos membros do grupo) com algumas das perguntas encontradas no Apêndice 1 — Perguntas para perfis. Se uma lição for dividida em mais de uma parte, deve ser levada em conta a possibilidade de se realizar a "terraplenagem" no primeiro encontro e um ou mais perfis nos outros encontros.

2. Devem ser providenciadas fotos de todo o grupo e uma foto de cada casal separadamente. As fotos do grupo devem ser entregues aos membros do grupo; as fotos dos casais devem ser guardadas pelo líder, para que ele possa usá-las como incentivo à oração pelos casais durante a semana.

3. O líder e o colíder devem se encarregar de ligar para os membros do grupo ou mandar mensagens ocasionalmente, a fim de encorajá-los e saber como estão aproveitando os estudos.

4. Encontros extras devem ser promovidos visando à confraternização de casais e/ou famílias. Um piquenique, um jantar romântico ou outro passeio do grupo são excelentes ideias.

Sobre a última reunião ou "formatura" do grupo

Recomendamos que seja realizada uma programação especial para o último encontro do grupo. De preferência, a programação pode ser feita uma ou duas semanas depois do último estudo. A "formatura" dos casais pode incluir os seguintes elementos:

- Enfeites especiais.
- Lanche (cada casal deverá trazer um prato de doce ou salgado).
- Convidados especiais (talvez casais interessados em participar em um novo grupo de estudo).
- Testemunho dos participantes sobre os pontos altos dos estudos e sobre a maneira pela qual Deus trabalhou na vida deles e na vida de sua família.
- Entrega de certificados aos participantes que mantiveram a frequência exigida e completaram as tarefas.
- Cadastramento daqueles que gostariam de continuar estudando outro material da série *Construindo um lar cristão*.
- Alguma forma de agradecimento especial ou lembrancinha para os membros do grupo e especialmente para os anfitriões e líderes.

PARTE I

ALICERCES

Começando bem

LIÇÃO 1

Perdão na família

> PRINCÍPIO DE CONSTRUÇÃO
>
> *A base de transformação e de restauração da família é o perdão da cruz e o poder da ressurreição de Cristo.*

■ Objetivos do estudo

Como resultado deste estudo, os membros do grupo devem ser capazes de:

- Compreender a centralidade da obra de Cristo na transformação e restauração de famílias.
- Identificar áreas em que não têm experimentado o perdão de Deus no contexto familiar.
- Verificar sua condição espiritual diante de Deus.
- Viver a vida na dependência de Jesus.

Sugestões:

1. Inicie uma lista de oração dos membros do grupo (v. Apêndice 1). Tome cuidado para não perder o controle do tempo com este exercício, mas o momento deve ser significativo. Atualize as listas de oração no início ou final de cada encontro.

2. Um ou outro casal pode dar testemunho de como Jesus tem transformado a sua vida.

Terraplenagem

Bingo

- **Material necessário:** Canetas, cópias do quadro elaborado, prêmios (balas).

- **Procedimento:** Prepare um quadro conforme o modelo:

Entregue a cada participante uma cópia do quadro, onde ele deve coletar assinaturas — uma em cada quadrado (se o grupo tiver menos de 24 participantes, algumas assinaturas podem ser repetidas). Dê um sinal inicial e explique aos participantes que eles devem colecionar assinaturas LEGÍVEIS dos outros membros do grupo. Ao escrever seu nome repetidas vezes, os membros devem colocá-lo em quadrados diferentes em cada folha.

O objetivo é promover maior contato entre os integrantes do grupo. Após completarem as 24 assinaturas, todos devem se sentar. Comece, então, a chamar os nomes dos integrantes do grupo. A pessoa chamada deve ficar em pé para ser identificada pelos demais e pode dar alguns dados pessoais, como procedência, profissão etc. Todos os que colheram a assinatura daquela pessoa devem marcar um "X" no quadrado respectivo. Quem primeiro conseguir preencher cinco quadrados alinhados na horizontal, vertical ou diagonal recebe um prêmio.

Firmando Alicerces

Prepare uma folha como o modelo que se encontra no Apêndice 1 para que os membros do grupo registrem as respostas que Deus der às suas orações.

ERGUENDO PAREDES

1. Você concorda ou discorda desta afirmação? "Às vezes, há pouca ou nenhuma diferença entre as famílias que se dizem cristãs e as que não são cristãs." Por quê?

   _____
   _____
   _____

2. Quais as dificuldades que enfrentamos hoje para construir um lar verdadeiramente cristão?

   _____
   _____
   _____

Muitas vezes temos vivido um evangelho oco, capaz de nos salvar do inferno, mas incapaz de nos capacitar a viver bem o nosso dia a dia, especialmente no contexto da família. Não sabemos viver como perdoados. Não compreendemos o tamanho da graça divina e do amor que recebemos em forma de perdão pelos nossos pecados. E não sabemos perdoar os outros.

   (?) Qual a solução que podemos encontrar para isso? Como o perdão pode reinar em nosso lar?

   _____
   _____
   _____

A cruz de Cristo nos capacita a viver o perdão de Deus

3. Entre as famílias citadas na Bíblia, você consegue se lembrar de UMA que você considere um modelo para sua família — uma família "perfeita"?

   _____
   _____

(?) Em sua opinião, por que Deus não nos deu uma família como essa?

_____
_____
_____

Dificilmente acharemos uma família perfeita neste mundo contaminado pelo pecado. Esse fato não justifica nossa imperfeição, mas aponta para a necessidade constante que temos da dependência em Cristo. Lembra-nos também a graça imensurável que Deus estende a Seus filhos, dando-nos uma segunda, terceira e quarta chances. Embora não seja possível ter uma família "perfeita", podemos aprender a viver o perfeito perdão de Deus em nosso lar. Antes, porém, precisamos experimentar o perdão oferecido na cruz de Cristo. Isto vem quando reconhecemos que somos pecadores e confiamos exclusivamente em Cristo Jesus, que morreu em nosso lugar e ressuscitou dos mortos. Hoje, ele quer viver Sua vida por meio de nós (Gálatas 2:20; Efésios 2:8,9; João 3:16).

Se você nunca abraçou Cristo Jesus, e somente Jesus, como Seu Salvador, pode fazer isso agora mesmo, confessando em seu coração e diante de Deus que é um pecador e que crê que Jesus morreu em seu lugar na cruz e ressuscitou ao terceiro dia para lhe dar o perdão dos pecados e a própria vida.

Infelizmente, muitos que foram "criados na igreja" — mesmo os que abraçaram Jesus como Salvador de sua vida — ainda não compreenderam o imenso perdão que Jesus lhes estendeu na cruz. **A maior prova da nossa falta de entendimento do perdão de Deus em nossa vida é a falta de perdão que oferecemos aos membros da nossa família.**

4. Leia em Mateus 18:21-35 a parábola do credor incompassivo. De que forma nós, às vezes, somos semelhantes ao servo perdoado que não quis perdoar?

_____
_____
_____

Quando vivemos de maneira orgulhosa, com "nariz empinado", vivendo superficialmente, sem realmente compreender a profunda necessidade do nosso coração; quando recusamos perdoar aqueles que nos ofenderam, demonstramos que ainda não compreendemos a graça e o perdão de Deus.

5. Leia Efésios 4:31,32. Quais os conselhos dados pelo apóstolo Paulo nesse texto e como eles se aplicam de forma prática à vida familiar?

_____
_____
_____

O perdão de Cristo reina onde moram pecadores perdoados por Cristo! Infelizmente, alguns não vivem a realidade do perdão de Deus. Procuram se aperfeiçoar pelo desempenho, pelo sacrifício, pelo esforço próprio e, muitas vezes, são motivados pela culpa. A culpa, porém, é péssima motivadora; é muito passageira. Entretanto, a Bíblia afirma que Deus perdoa completamente aqueles que, pela fé, abraçam a obra de Cristo na cruz. Uma família cristã é uma família em que a vida e o perdão de Cristo são reproduzidos diariamente em seus relacionamentos. Perdoar muitas vezes produz dor, mas o perdão é a única forma de construirmos famílias verdadeiramente cristãs.

A ressurreição de Cristo permite que a sua vida seja vivida por meio de nós

Muitos daqueles que aceitam o perdão de Deus, pela cruz de Cristo, se esquecem de que somente em **Cristo** Jesus podem viver a vida **cristã**! Esta é a "outra metade" do evangelho, que tantas vezes é esquecida por nós. É pela cruz de Cristo que recebemos o **perdão** dos pecados. Na sua ressurreição, no entanto, adquirimos o **poder** para que a vida de Cristo seja vivida por nosso intermédio. Em outras palavras, a vida cristã é Cristo vivendo Sua vida em nós — e essa vida se manifesta quando o PERDÃO de Cristo reina em nosso lar.

6. Leia Gálatas 2:19,20. Quais são algumas das maneiras práticas pelas quais a vida de Cristo e Seu perdão podem ser vistos no lar cristão?

_____
_____
_____

Cristo vive por nosso intermédio quando nos submetemos a Ele, pelo "cutucar" do Espírito Santo, usando a Palavra de Deus. Quando fazemos o que Cristo faria em nosso lugar, quando falamos o que Cristo falaria, Ele vive Sua vida por meio de nós.

Restauramos nosso lar quando descansamos na obra completa de Jesus na cruz, quando sofremos prejuízos em lugar de assistir à derrota de outros, quando perdoamos em vez de guardar mágoas e quando toleramos as imperfeições dos outros, sabendo que somos seres imperfeitos também. **A base da transformação e restauração da família é o perdão da cruz e o poder da ressurreição de Cristo.**

INSPECIONANDO A CONSTRUÇÃO

Leia o artigo "Uma família perfeita?" (p. 31). Depois da leitura, reflita sobre as áreas nas quais sua família não vive o perdão de Cristo, mas guarda mágoas.

Para refletir

[?] Há alguém — talvez seu cônjuge, um filho, um parente, um membro da igreja ou um colega — a quem você não tenha perdoado como Cristo o perdoou? Que tal entregar a Deus seu coração, suas mágoas e até a própria pessoa que o tem magoado, para que você ponha em prática o perdão e alcance uma restauração completa?

_____
_____
_____

ACABAMENTO

Leia 2Coríntios 5:17,21. Pense nas implicações do "outro lado do evangelho": na cruz de Cristo, não fomos simplesmente perdoados; alcançamos a própria justiça! A vida cristã é uma eterna aprendizagem — *não sou mais eu quem vive, mas é Cristo quem vive em mim* (Gálatas 2:20a). Pouco a pouco, estamos sendo transformados na imagem de Cristo (Romanos 8:29; 2Coríntios 3:18; Filipenses 1:6).

(?) Como sua família pode demonstrar maior dependência de Cristo Jesus? E como demonstrar que a vida de Cristo se manifesta em vocês no dia a dia?

_____
_____
_____

UMA FAMÍLIA PERFEITA?

Sempre sonhei em ter uma família perfeita. Não demorou muito — foi na nossa lua de mel — para descobrir que não seríamos aquela família com que sonhei. Apesar dos sonhos encantados de muitos noivos, a família perfeita não existe; nunca existiu.

Então devemos desistir da família? Não! Não é possível ter uma família perfeita, mas podemos ser uma família que sabe perdoar.

O perdão é a chave para viver em paz uns com os outros. Sem o perdão, ressentimentos e ira ficam submersos debaixo da superfície do lar. Como o *iceberg* que fez naufragar o Titanic, mais cedo ou mais tarde essas mágoas afundam a família. Temos de aprender a perdoar, pela experiência de sermos perdoados. Deus nos ensina a perdoar por meio do perdão que nos oferece em Cristo Jesus. Como recebemos esse perdão? Há alguns passos simples e básicos, mas essenciais, que devem ser dados:

- **Reconhecer sua necessidade de perdão.** Quem anda curvado debaixo do peso do seu pecado não consegue se erguer para perdoar os outros. O padrão de Deus é alto. A Bíblia nos diz: *Sede, pois, perfeitos, assim como perfeito é o vosso Pai celestial* (Mateus 5:48). Infelizmente, *todos pecaram e estão destituídos da glória de Deus* (Romanos 3:23). Pecar significa errar o alvo. Todos nós erramos o alvo de perfeição estabelecido por Deus. Quebramos a lei de Deus. Somos culpados. Experimentamos isso todos os dias na família.

- **Reconhecer que está perdido sem o perdão de Deus.** Por meio do apóstolo Paulo, Deus também afirma: *... o salário do pecado é a morte* (Romanos 6:23). Infelizmente, muitas pessoas hoje estão mais preocupadas com **paz, prosperidade e poder** do que com **o perdão dos seus pecados**. São como passageiros de um navio descendo até o fundo do mar, preocupados em resgatar roupas, cosméticos e joias, em vez de clamar por um salva-vidas! Sem o perdão de Deus estamos **perdidos**, destinados à morte eterna.

- **Só pelo sacrifício de Jesus é que somos perdoados por Deus.** *Daquele [Jesus] que não tinha pecado Deus fez um sacrifício pelo pecado em nosso favor, para que nele fôssemos feitos justiça de Deus* (2Coríntios 5:21). *Porque Deus amou tanto o mundo, que deu o seu Filho unigênito, para que todo aquele que nele crê não pereça, mas tenha a vida eterna* (João 3:16).

- **Cristo Jesus não somente morreu por nós, mas vive por nós.** A morte não pôde reter o Filho de Deus! Sua ressurreição prova, de uma vez por todas, que nossos pecados realmente foram perdoados: *... Cristo morreu pelos nossos pecados [...] e ressuscitou* (1Coríntios 15:3,4). *... Já estou crucificado com Cristo. Portanto, não sou mais eu quem vive, mas é Cristo quem vive em mim. [...] vivo pela fé no Filho de Deus, que me amou e se entregou por mim* (Gálatas 2:20).

- **Somente quando confiamos exclusivamente em Cristo é que recebemos o perdão dos pecados**. *... pela graça sois salvos, **POR MEIO DA FÉ** [...] não vem das obras* (Efésios 2:8,9).

*... **CRÊ** no Senhor Jesus, e tu e tua casa sereis salvos* (Atos 16:31). *... todo aquele que nele **CRÊ** não pereça, mas tenha a vida eterna* (João 3:16). **Crer** em Cristo significa **lançar sobre Ele** todo o peso do seu pecado, ter a esperança do perdão divino e a certeza de um destino no céu. Não é somente acreditar que existe bote salva-vidas; é entrar nele!

"Crer" envolve mais que "afirmar" ou "reconhecer". Quem vê a si mesmo como pecador perdido, merecedor do inferno, carente do perdão divino, deve se revoltar contra o próprio pecado e voltar-se para Cristo Jesus, a fim de ser salvo por ele. Este é o arrependimento bíblico. Cristo promete recebê-lo e abençoá-lo com vida eterna: *... quem ouve a minha palavra e crê naquele que me enviou, tem a vida eterna e não vai a julgamento, mas já passou da morte para a vida* (João 5:24).

E a família? Quem recebe o "dom gratuito" de perdão por meio de Cristo ganha condições de viver em família como perdoado e perdoador: *... sede bondosos e tende compaixão uns para com os outros, perdoando uns aos outros, assim como Deus vos perdoou em Cristo* (Efésios 4:32).

Isso não significa que, de repente, sua família se tornará perfeita. Perfeita, não! Perdoada, sim. E onde um será capaz de perdoar o outro.

Quem nunca sondou as profundezas da sujeira do próprio coração; quem nunca se viu como miserável pecador; quem nunca experimentou o perdão total em Cristo Jesus não será capaz de perdoar os outros. Será um juiz, intolerante, implacável, arrogante e orgulhoso. Entretanto, aquele que vive como perdoado será capaz de estender, pelo Espírito de Deus, o perdão aos que convivem com ele.

Viver em família e criar filhos nestes dias exigem coragem. Podemos, no entanto, contar com a graça de Jesus, que nos capacita a amar e perdoar.

LIÇÃO 2

Famílias em que a graça reina

> Princípio de construção
>
> *A graça de Deus reina no lar cristão quando seus membros vivem em humildade e mansidão.*

■ Objetivos do estudo

Como resultado deste estudo, os membros do grupo devem ser capazes de:

- Refletir sobre o significado da graça de Deus e como ela se manifesta no lar.
- Identificar algumas características-chave de uma família em que a graça de Deus reina, especificamente a humildade e a mansidão.
- Fazer uma autoavaliação para descobrir em que áreas sua família não vive pela graça, mas pelas aparências, e fazer os ajustes que Deus deseja.

Sugestões:

1. Solicitar a um membro do grupo que tenha tido a experiência de transformação de vida pela compreensão correta e equilibrada da graça de Deus que dê seu testemunho como parte do estudo desta lição.

2. O grupo deve estar ciente da importância de completar com fidelidade as tarefas e compartilhar os resultados na reunião.

Terraplenagem

Crachás criativos

- **Material necessário:** Pincéis atômicos, canetas, alfinetes, giz de cera; prêmios (opcional).

- **Procedimento:** Providencie os materiais mencionados acima. À medida que os membros do grupo chegam, peça que cada um prepare um crachá com seu nome, escrito com letra legível, mas de forma criativa, de maneira que os outros o conheçam melhor. Assim que todos tiverem chegado e terminado de confeccionar o seu crachá, cada pessoa deve se apresentar, mostrando o crachá e explicando o que ele significa. Prêmios simples podem ser atribuídos ao crachá: mais criativo; mais colorido; mais abstrato; mais moderno; mais "tradicional" etc.

Firmando Alicerces

Se desejar, compartilhe a maneira pela qual, depois de você ter estudado a última lição, Deus o ajudou a perdoar alguém e a enterrar as mágoas que existiam em seu coração. Você consegue se lembrar de algo que aconteceu esta semana como resultado de você ter estendido o perdão a algum membro da sua família? Sem constranger ninguém ou fazer comentários negativos sobre outras pessoas, compartilhe com o grupo o que aconteceu.

_____

_____

Erguendo Paredes

A palavra "graça" tornou-se um chavão em nossos dias. Ouvimos, com frequência, expressões como "Graças a Deus", "Foi de graça" e

"Que gracinha!". Na própria igreja, a palavra "graça" perdeu o sabor, em razão de seu uso impensado e, às vezes, banal. Precisamos resgatar a graça de Deus do corriqueiro e normal e colocá-la em seu devido lugar: no centro da fé cristã. Afinal de contas, a graça divina distingue nossa fé de todas as outras religiões do mundo. E é a graça de Deus que deve caracterizar não somente nossas igrejas, mas nossa família também. Como ter uma perspectiva equilibrada sobre a graça de Deus, sem cair nos extremos de libertinagem (o "liberar geral") ou legalismo (perfeição pelas regras e obras)? Como ter famílias em que a graça de Deus reine?

1. **Leia Efésios 2:8-10.** O que vem à sua mente quando você ouve a palavra "graça"? Como devemos definir "graça"?

_____
_____
_____

A definição clássica de graça é "favor não merecido de Deus". Há um contraste entre "graça" e "misericórdia": misericórdia significa não receber o castigo merecido, enquanto graça significa receber o favor não merecido.

2. **Leia Gálatas 5:1-4,13-15.** Que conceitos errados e desequilibrados você percebe existirem a respeito da graça de Deus, especialmente no contexto da família? (Pense em termos de disciplina, hábitos, regras etc.)

_____
_____
_____

Alguns conceitos errados da graça de Deus na vida cristã:

1. Transformar liberdade cristã em licença para pecar.
2. Usar "graça" como desculpa para não disciplinar os filhos.
3. Falar da "graça" de Deus para salvação, mas procurar a santificação pelas obras.

4. Exigir uma *performance* cada vez melhor dos membros da família, sem uma atitude de dependência e de humildade.
5. Enfatizar o desempenho e as aparências sem trabalhar o contexto do coração.

3. Como você identificaria uma família em que a graça de Deus reina de forma equilibrada? Quais seriam as características dessa família?

_____
_____
_____

Uma família que vive pela graça de Deus deve demonstrar perdão mútuo, amor incondicional, aceitação incondicional (sem deixar que seus membros permaneçam na mesma "condição" em que estão hoje!), disciplina em amor, santidade, humildade, dependência de Cristo em oração, sacrifício, segurança pessoal, ousadia santa e a ausência do temor dos homens como fator motivacional na vida cristã. Só por Jesus!

Características de uma família em que a graça reina

Já descobrimos que uma família em que a vida de Jesus está presente é uma família que estende perdão aos outros. Nesta lição, aprenderemos que essa mesma família tem outra característica bem marcante: a humildade.

4. Leia Mateus 11:28-30. Jesus convida pessoas "estressadas" a trocarem o jugo (canga) da religião por outro, caracterizado pelo relacionamento com Ele. Conforme o versículo 29, o jugo de Jesus é humildade e mansidão. Como essas qualidades resultam em alívio e descanso?

_____
_____

Quando alguém deixa de gastar toda a sua energia, atenção e recursos para manter uma aparência diante dos homens; quando fica livre para ser quem é EM CRISTO, sem projetar uma imagem que não reflete a realidade da sua vida; quando vive para agradar a Deus, e não aos homens; quando reconhece o pobre estado do seu coração e vive na dependência não da carne, mas do Espírito, experimenta um grande e santo alívio e descanso!

5. **Leia o Salmo 131.** Quando defendemos nossos "direitos" e lutamos para manter a "aparência", seja na família, seja na igreja, seja na sociedade, acabamos "cansados e sobrecarregados". Ativismo, legalismo, mágoas, falta de perdão e um espírito crítico são jugos pesados demais para alguém suportar. Como Jesus pode nos dar descanso na família?

_____
_____
_____

Tudo que somos e temos é produto da graça de Deus em nossa vida. Nada que venhamos a fazer nos poderá tornar mais amados ou aceitos por Deus. Assim, temos uma nova liberdade para sermos realmente transparentes e vulneráveis (no bom sentido) para admitir nossas falhas e levá-las até Ele num espírito humilde e de profundo arrependimento. A bem dos outros, podemos entregar nossos "direitos" sem ter de nos defender diante de críticas. Podemos estender perdão aos outros membros da família, pois reconhecemos nossas falhas.

Humildade e mansidão descrevem atitudes em nossos relacionamentos interpessoais. A pessoa humilde está sempre ciente de que é um *vaso de barro* (2Coríntios 4:7). A pessoa mansa mantém sua força sob controle, preferindo os outros a si mesma, sem insistir em seus "direitos". Esse é o jugo de Jesus.

6. **Leia 1Pedro 5:5-11.** Como a humildade e a mansidão podem ministrar o favor não merecido (graça) de Deus em nossas famílias? (Pense em termos práticos: em discussões, em disciplina de filhos, em decisões etc.)

_____
_____
_____

Uma pessoa humilde trata as pessoas ao seu redor com a mesma graça que, antes, recebeu de Deus. Ao reconhecer as vitórias da vida cristã, aponta sempre para a cruz de Cristo, e não para o esforço humano. Abençoa sua família sem sobrecarregá-la com demandas e expectativas para que suas necessidades sejam atendidas. Motiva os outros pela graça, e não pela culpa.

O oposto de humildade e mansidão é orgulho e arrogância. O orgulho exalta a si mesmo e olha com nariz empinado para os outros. A arrogância defende os próprios interesses, seja qual for o preço que os outros tenham de pagar. Pessoas inseguras se escondem por trás dessas frentes de "bravata".

A pessoa humilde demonstra muita segurança na sua posição em Cristo. Sabe quem ela é em Cristo, sabe que é aceita, amada, que tem futuro garantido, pode entregar seus "direitos" e servir aos outros sem medo de "perder" qualquer coisa.

Características da humildade e da mansidão no lar

7. Considere os itens desta lista. Você tem sido uma pessoa suficientemente segura para empregar o jugo da humildade de Jesus em seu lar? Que itens descrevem sua vida? Em que você precisa melhorar?

- Transparência (vulnerabilidade) nos relacionamentos;
- Intimidade verdadeira, sem nada que precise ser escondido;
- Liberdade para pedir perdão aos outros, sem autodefesa, autoproteção, autojustificação;
- "Outrocentrismo" — uma vida entregue para o bem dos outros;
- Espírito sensível às necessidades dos outros;
- Amor e aceitação incondicionais, com firmeza e disciplina;
- Segurança na posição em Cristo, sem temor dos homens (Provérbios 29:25);
- Aceitação da crítica como fonte de graça.

_____

_____

_____

Conclusão

Quem usa o jugo dos fariseus precisa sempre provar sua dignidade para si mesmo e para os outros. Isso leva a uma redefinição do alto padrão de Deus. Uma compreensão verdadeira da graça de Deus nos leva a viver de acordo com o coração (indo além do exterior para trabalhar atitudes, pensamentos, ídolos do coração), e não somente de acordo com as aparências. As implicações são enormes, especialmente na educação de nossos filhos.

A graça nos liberta para ir além do superficial, o mundo das aparências, e sondar o coração dos nossos filhos. Isso exige uma sensibilidade no tom de voz, expressões faciais etc., levando os pais a desafiarem e conversarem sobre atitudes interiores. Em vez de criar pequenos "robôs" que nos obedecem somente na nossa presença, podemos trabalhar em esferas bem mais profundas. Sempre pela graça!

INSPECIONANDO A CONSTRUÇÃO

Leia o artigo *A cruz de Cristo e a família* (p. 41).

Para o casal: Marque um encontro esta semana para responder a esta pergunta: "A graça de Deus reina em nosso lar?" Avalie até que ponto sua família se esforça para manter as aparências (um jugo pesado) em vez de viver a humildade e graça de Jesus.

ACABAMENTO

? Leia os Salmos 127 e 131. Como esses textos elaboram aspectos da graça de Deus vivida no lar cristão?

A CRUZ DE CRISTO E A FAMÍLIA

Roberto[1] era um homem exemplar, modelo de marido e pai dedicado. Era pastor de uma igreja com 700 membros. Pregava mensagens maravilhosas sobre a família cristã, com autoridade adquirida por meio da experiência prática. Foi professor da matéria "Lar cristão" num seminário bíblico. Suas mensagens sobre o lar acenderam em meu jovem coração um fogo ardente para construir um lar verdadeiramente cristão. Imagine minha decepção e tristeza quando foi revelado o envolvimento de meu pastor em um caso de adultério por mais de três anos!

Confesso que o meu susto não foi sem precedente. Poucos anos antes, Sérgio, o pastor de adolescentes da mesma igreja, fora demitido pela mesma razão. Depois de muito aconselhamento, a sua família foi "restaurada", por um tempo. Mais tarde, porém, fiquei sabendo que Sérgio havia se divorciado. Ele deixou a esposa e os dois filhos para viver com outra mulher.

Esses casos e muitos outros fizeram com que eu levantasse sérias perguntas para mim mesmo:

- Como um ministro da Palavra de Deus pode ter uma vida dupla, negando, com hipocrisia, o verdadeiro poder do evangelho?
- Por que, às vezes, há pouca diferença entre as famílias cristãs e as que não são cristãs?
- É possível ter um lar verdadeiramente cristão? Se é possível, como formá-lo?

A reflexão sobre essas e outras perguntas levou-me a concluir que muitos de nós perdemos de vista a verdadeira base não somente da vida familiar, mas também da vida cristã. Vivemos um evangelho oco, capaz de nos salvar do inferno, mas incapaz de nos capacitar para vivermos bem o nosso dia a dia. O verdadeiro evangelho inclui não somente o perdão baseado na cruz de Cristo, mas também o

---

[1] Os nomes dos pastores são fictícios.

poder para viver a vida **de Cristo**, baseado em sua ressurreição. Em outras palavras, a família cristã precisa experimentar as duas metades do evangelho:

1. Cristo **morreu** na cruz, tornando o **perdão dos pecados** uma realidade diária em nossa vida (e na convivência com outras pessoas!).
2. Cristo **ressuscitou** dos mortos para **viver** a **Sua vida** — a vida cristã — **por nosso intermédio**.

O problema, em muitos lares "evangélicos", é que não sabemos viver como perdoados. E, ao mesmo tempo, tentamos transformar nossa vida por meio de muitas técnicas, fórmulas e regrinhas, sem estar na dependência de Jesus para viver Sua vida por nosso intermédio. Como seres imperfeitos e decaídos, nossa única esperança de construir famílias felizes está no sacrifício de Cristo na cruz e na sua ressurreição vitoriosa. Qualquer outro meio nos levará à decepção e à dor.

A base de transformação e restauração da família é o perdão da cruz e o poder da ressurreição de Cristo!

A cruz de Cristo nos capacita a viver o perdão de Deus.
O meu sonho de ter uma "família perfeita" foi por água abaixo em nosso casamento quando tivemos uma daquelas "discussões feias". As máscaras caíram, e eu fiquei envergonhado quando vi revelada a minha verdadeira identidade.

Não demorou muito para eu aprender que não existem famílias perfeitas — somente famílias perdoadas e famílias perdoadoras. O fato parece óbvio, pois todas as famílias são compostas de seres humanos imperfeitos. Muitos de nós, entretanto, vivemos debaixo de uma expectativa de que com a **nossa** família será diferente. Com certeza, pensamos: "Se somente seguirmos aqueles princípios que ouvimos no retiro de casais...", ou "Se copiarmos o exemplo da família 'tal'...", ou "Se tivermos uma experiência marcante com Deus...", teremos uma família "cinco estrelas".

Por ser imperfeito, todo homem busca o alívio de sua "culpa"; contudo, a cruz de Cristo nos livra dessas tentativas humanas. Na cruz, Jesus cancelou nossa grande dívida para com a justiça de Deus (Efésios 2:14,15). Quando declarou *Está consumado*, Ele estava declarando que a nossa dívida fora paga e que **tudo** tinha sido cancelado.

Infelizmente, a maioria de nós não vive a realidade do perdão de Deus. Procuramos nos aperfeiçoar pelo desempenho, pelo sacrifício e pelo próprio esforço. A Bíblia, no entanto, afirma que Deus nos perdoou completamente e que, quando Ele olha para nós, vê a justiça de Jesus. Em outras palavras, nunca posso ser mais do que já sou em Cristo.

Nada do que faço (ou deixo de fazer) pode me separar do amor de Cristo (Romanos 8:35-39). Nada do que faço (ou deixo de fazer) pode me tornar mais aceitável perante Deus.

Mesmo assim, somos movidos pela culpa. É claro que a culpa nos motiva muito bem, por certo tempo. Infelizmente, as mudanças são, em geral, superficiais e temporárias. Como um viciado em drogas ou álcool, o "culpaólico", como podemos chamá-lo, precisa de doses repetidas (e, muitas vezes, mais fortes) para produzir o mesmo efeito. Ele escuta uma pregação sobre a necessidade do culto doméstico para firmar a fé de seus filhos e sente-se culpado. A seguir, passa a cumprir essa disciplina. Três semanas depois, está de volta à "vida normal". Depois, alguém lhe ensina que, pelo fato de, como marido, não orar com a esposa, ele está negligenciando a liderança do lar. Então, o viciado em culpa acrescenta mais esse item à sua lista de "afazeres cristãos", mas também por tempo limitado.

O problema é que a lista de "disciplinas cristãs" não tem fim e, com o tempo, a culpa vai perdendo seu poder motivador. É evidente que, em alguns casos, pessoas com mais força de vontade, disciplina e consagração conseguirão manter o padrão durante muito tempo. Se, porém, agirmos com base na culpa, acabaremos no farisaísmo, legalismo e orgulho. E, em consequência disso, criaremos calos no coração, que nos levarão a desistir da vida cristã, por ser ela impossível de ser vivida.

Se vivermos motivados não por culpa, mas por gratidão pela graça de Deus já derramada em nossa vida, cientes da nossa incapacidade de viver a vida cristã, poderemos mudar radicalmente a vida familiar:

- Não usaremos a culpa como "chicote" para motivar transformação e desempenho na vida de outros.
- Não esperaremos que o nosso cônjuge ou nossos filhos supram as nossas necessidades mais profundas. Pessoas sempre nos decepcionarão, mas Cristo jamais.
- Não ficaremos tão decepcionados com outras pessoas quando estas nos desapontarem.
- Conseguiremos ser muito mais pacientes diante dos defeitos dos outros membros de nossa família, sabendo que todos estamos carentes da graça de Deus (Romanos 3:23).
- Perdoaremos com mais facilidade e não criaremos raízes de amargura, sabendo quanto já fomos perdoados (Efésios 4:32).
- Não vamos esperar respostas "mágicas", da noite para o dia, para os problemas que assolam nosso lar. Trabalharemos com mais confiança, perseverança e esperança no fato de que Deus há de completar sua boa obra em nós (Filipenses 1:6).
- Vamos depender muito mais de Cristo e de Sua graça para realizar transformações profundas e permanentes em nós e em nossos queridos. Nunca passaremos por essas mudanças pela nossa força.

Lamento o fato de esta mensagem não ter chegado a tempo aos ouvidos daqueles dois ex-pastores que praticaram o adultério. No meu caso, e no seu, ainda pode ser diferente. Graças a Deus!

LIÇÃO 3

Os resultados da queda

┌───── Princípio de construção
│   *O pecado desencadeou uma sequência de resultados*
│   *trágicos na família que somente se revertem em Cristo.*

■ Objetivos do estudo

Como resultado deste estudo, os membros do grupo devem ser capazes de:

- Identificar os resultados desastrosos da queda nos relacionamentos familiares.
- Analisar sua condição espiritual diante de Deus.
- Renovar sua esperança de transformação de vida pela obra de Cristo na cruz.

Sugestão:

Tomem o tempo necessário para desenvolver bem o assunto, trabalhando a fundo a questão dos resultados da queda nos relacionamentos familiares (Gênesis 3:7-19).

Terraplenagem

Falso ou verdadeiro

- Material necessário: Folhas de papel em branco, canetas.

- Procedimento: Entregue a cada pessoa uma folha de papel e uma caneta. Faça algumas perguntas de caráter pessoal que devem ser respondidas corretamente pelos integrantes do grupo. Cada participante deve escolher **uma** das questões e dar resposta falsa, porém de maneira muito dissimulada, para que os demais não percebam que aquela é uma resposta falsa. Quando todos tiverem terminado, cada pessoa lerá suas respostas em voz alta, e o grupo apontará quais são as respostas verdadeiras e qual é a falsa. Peça que expliquem o porquê de sua opinião, para verificar quanto a pessoa é realmente conhecida pelas demais.

- Sugestões de questões:
    1. Cite uma pessoa famosa com quem você gostaria de conversar.
    2. Qual o maior susto que já levou na sua vida?
    3. Diga o esporte a que mais gosta de assistir na televisão.
    4. Cite o livro que mais apreciou nos últimos seis meses.
    5. Descreva uma travessura que você "aprontou" em sua infância.
    6. Qual o país ou a cidade que mais deseja conhecer?
    7. Que tipo de música prefere ouvir quando está sozinho?

- Variação: Em vez de perguntas feitas ao grupo, você pode pedir que cada pessoa escreva, em uma folha de papel ou em um cartão, três afirmações sobre si mesma. Duas das afirmações devem ser verdadeiras e uma deve ser falsa. Depois, cada pessoa deve ler as afirmações que fez, e o grupo tentará descobrir qual a declaração falsa.

Firmando Alicerces

Compartilhem suas impressões diante da leitura do artigo *A cruz de Cristo e a família*" (p. 41).

Erguendo Paredes

No jardim do Éden, a serpente (Satanás) questionou o caráter divino, colocando dúvidas na cabeça da mulher (Eva) sobre o que Deus havia dito (Gênesis 3:1,4), sobre Sua bondade (v. 5) e Seu plano (v. 5). Adão, em vez de tomar a frente, exercer autoridade sobre Eva e corrigir o erro a que ela havia sido levada por Satanás, simplesmente cedeu à tentação (v. 6), seguindo a esposa. Lemos sobre os resultados trágicos da queda em Gênesis 3:7-19. E, em Efésios 5:18—6:4, Paulo destaca os efeitos da ação de Cristo no lar e a plenitude do Espírito (v. lição 4).

Os resultados da queda

1. **Leia Gênesis 3:7** e compare com Gênesis 1:27 e 2:24,25. Qual foi o primeiro resultado do pecado cometido pelo primeiro casal?

_____
_____
_____

Depois da queda, o homem foi tomado de vergonha. Talvez isso tenha acontecido pelo fato de Adão e Eva terem passado a usar seus membros reprodutivos para gerar e sustentar novos pecadores "sujos", em vez de cumprirem o plano divino — a multiplicação de imagens "limpas" da glória de Deus (Gênesis 1:27,28). A inocência, a transparência e a intimidade foram atingidas pelo pecado. Hoje, a nudez, cada vez maior e mais comum, é o resultado de o homem ter "perdido a vergonha" de que foi tomado quando descobriu que "estava nu".

2. **Leia Gênesis 3:8-11.** Quais os resultados do pecado que encontramos nestes versículos?

_____
_____
_____

A comunhão com Deus foi interrompida (v. 8,10). Em vez de serem espelhos da glória e da imagem de Deus (Gênesis 1:27), Adão e Eva se esconderam — fugiram **de** Deus, e não **para** Deus. Perceberam sua nudez — vergonha (v. 10). Tiveram medo de Deus e das consequências do pecado (v. 10).

Resumindo: com o pecado, o homem feriu os propósitos com os quais Deus o havia criado!

3. Leia Gênesis 3:12,13. Quais os resultados imediatos do pecado no relacionamento a dois? Pense no ideal divino exposto em Gênesis 2:18,24 e tudo o que foi perdido com o pecado.

_____

_____

_____

Em lugar de "auxílio idôneo" (a perfeita complementação), culpando um ao outro, Adão e Eva racharam a intimidade, a amizade e a união entre eles. Agora existia competição, conflito e culpa. Pior que isso: Adão culpava a Deus — pelo menos implicitamente — por ter colocado a mulher ao seu lado. Nenhum dos dois — nem Adão nem Eva — assumiu a responsabilidade pelo pecado nem pediu perdão. Pelo contrário, procuraram justificar seu erro.

4. Leia Gênesis 3:16a à luz de Gênesis 1:28. Qual o resultado da queda em relação à criação de filhos?

_____

_____

A tarefa de "multiplicar" a imagem divina (Gênesis 1:28) resultaria agora em dores "multiplicadas". É interessante notar que o texto, em hebraico, diz, de maneira literal, que as dores seriam multiplicadas "na concepção" de filhos não no parto nem na gravidez; talvez seja uma figura de linguagem em que o início do processo da maternidade (concepção) representa o processo todo (a criação de filhos). A palavra "dores" em outros textos significa não somente dor física, mas também dor emocional. Pode ser que isso signifique que a "dor" da mãe acompanha todo o processo de gerar e criar filhos num mundo agora contaminado pelo pecado.

O pecado também teve implicações no relacionamento conjugal. Gênesis 3:16b diz: *o teu desejo será para o teu marido, e ele te dominará*. Alguns interpretam o "desejo" da mulher como o desejo sexual, ou seja, ela desejaria seu marido sexualmente. No entanto, o mesmo termo é empregado em Gênesis 4:7, referindo-se ao pecado e seu desejo de dominar Caim: ... *o pecado jaz à porta, e o desejo dele será contra ti...* Parece que, como resultado da queda, em lugar de ser aquela *auxiliadora idônea* (Gênesis 2:18), a mulher tentaria agora dominar, sobrepujar e competir com o marido.

Ao mesmo tempo, Deus disse: *ele* [o marido] *te dominará*. A palavra "dominar" refere-se a mais do que a simples liderança masculina no lar. Em vez de um relacionamento complementar, haveria competição e conflito na família. A palavra pode significar senhorio ou até mesmo opressão. Quanto mudou o plano perfeito de Deus! O "auxílio mútuo" (Gênesis 2:18), em que o homem lideraria (com amor) a esposa, e a mulher complementaria (com respeito) o marido, tornou-se um conflito, um jogo de poder, de competição e de culpa![1]

5. Leia a história de Caim e Abel, os primeiros filhos do primeiro casal, **em Gênesis 4:1-8**. Quais os resultados do pecado na vida da primeira família? Quais os resultados hoje?

_____
_____
_____

A história de Caim e Abel ilustra as consequências trágicas do pecado — o primeiro filho matou o próprio irmão e acabou sendo expulso por Deus da família; um exilado maldito. No mesmo dia os pais perderam dois filhos! Certamente isso quebrantou o coração de Adão e Eva e fez com que se lembrassem do trágico desenrolar da história do seu pecado.

6. Que reflexos da maldição do pecado vemos no mundo hoje em termos da criação de filhos e do relacionamento conjugal?

_____
_____

---

[1]Ross, Allen. *Creation & blessing*. Grand Rapids: Baker, 1988, p. 145-147.

A decadência do mundo, especialmente no que diz respeito ao lar, manifesta o fruto podre gerado pela raiz do pecado. Desobediência aos pais, conflitos familiares, separação e divórcio, espancamento de crianças, abuso sexual, além de muitas outras manifestações, são hoje evidências da maldição do pecado na família.

7. Leia Gênesis 3:17-19 e compare com Gênesis 2:15. Qual o resultado da queda na vida do marido e como isso tem afetado a família?

_____
_____
_____

O domínio da terra, parte do mandato cultural de Gênesis 1:28, foi grandemente dificultado! O "cultivar e guardar" do jardim do Éden, como serviço espiritual debaixo da bênção de Deus, ficaria agora debaixo de uma maldição, sujeito a fadigas, espinhos e suor. No fim do processo, o homem voltaria a ser pó, cumprindo a ameaça pronunciada por Deus: *certamente morrerás*.

Os problemas econômicos, os conflitos financeiros, a competição entre homens e mulheres e a própria morte abalam lares até hoje.

8. Leia 2Coríntios 5:17. Que esperança o evangelho oferece para a família hoje?

_____
_____
_____

Conclusão

Em razão da obra redentora de Cristo Jesus, há possibilidade de reconstruir relacionamentos familiares. Embora algumas consequências do pecado permaneçam, mesmo depois de alguém aceitar Jesus como seu Salvador pessoal, Deus oferece uma nova vida em Cristo. Assim como os efeitos da queda distorceram a imagem de Deus na família, a restauração em Cristo é capaz de reverter o quadro para o ideal bíblico. Veremos mais sobre isso na próxima lição.

INSPECIONANDO A CONSTRUÇÃO

Leia o artigo "Graça sobre graça" (p. 51).

ACABAMENTO

Das famílias citadas na Bíblia, faça uma lista daquelas que você consegue se lembrar. Ao lado de cada uma, escreva as qualidades positivas e negativas que nelas você consegue ver. Que exemplos você pode encontrar para a sua família? Por quê?

_____
_____
_____

GRAÇA SOBRE GRAÇA

Testemunho de Carol, minha esposa:

Fui criada num lar missionário e por isso ouvi falar sobre Jesus desde pequena. Com 5 anos de idade, aceitei a salvação que Cristo me ofereceu. Eu sabia que era pecadora e que Ele já tinha pago o preço do meu castigo: a morte eterna. Entretanto, quando cresci, as práticas da vida cristã — tempo devocional, louvor e adoração, o bom exemplo que eu deveria ser — tornaram-se coisas automáticas. Eu fazia isso porque era o que se esperava de um bom crente.

Cresci ouvindo testemunhos de pessoas com um amor vibrante por Deus e pela Sua Palavra, e percebia que algo faltava na minha vida. Sentia-me cada vez mais frustrada. Por que eu não tinha esse amor tão profundo pelo meu Deus? Resolvi me esforçar mais, ler mais, orar mais. No entanto, o jugo só ficou mais pesado, e a frustração apenas aumentava. Onde estava a vida em abundância que Jesus prometera (João 10:10)?

Deus, na Sua misericórdia, usou várias circunstâncias para me ensinar o que ainda não havia entendido. Em primeiro lugar, tive de reconhecer quanto a minha salvação custara para Deus. Por ter conhecido Cristo tão novinha, antes mesmo de cometer pecados que a meu ver eram muito sérios, não compreendia o tamanho do sacrifício que Ele havia feito por mim. Precisei ainda reconhecer o fato de que eu estava morta nos meus pecados e precisava de um milagre para ter vida. Aprendi que, na Sibéria, um cadáver congelado, inteirinho e que nem cheira mal é tão morto como um defunto deixado ao sol do Amazonas, que começa a apodrecer dentro de horas. Os dois corpos precisam do mesmo milagre para voltar a viver. Reconheci que, ainda que eu fosse um corpo congelado sem chegar a apodrecer, era capaz de cometer pecados horríveis como qualquer outra pessoa. Foi a pura graça de Deus que me constrangeu. Quando comecei a entender quanto Deus havia feito por mim, por meio do sacrifício do Seu Filho, pude apreciar mais o dom da graça na salvação. Ao mesmo tempo, vi que Deus me dá a mesma graça para viver a vida cristã. Percebi que é a graça de Deus que continua me dando força para não pecar, mas que, para isso, preciso estar em comunhão constante com Ele. Agora, a minha leitura bíblica, o tempo de oração e os cultos na igreja não são mais um fardo. São necessários para a minha sobrevivência! Só consigo viver a vida cristã quando vivo totalmente dependente de Jesus, deixando que Ele viva a Sua vida através de mim.

Talvez você já saiba que a graça revelada na cruz e a ressurreição de Cristo são o suficiente para a sua salvação, para livrá-lo do sofrimento do inferno. No entanto, será que você entende que tem necessidade dessa mesma graça para lidar com os efeitos da queda em sua vida diária? O evangelho da graça inclui não somente o perdão baseado na cruz de Cristo, mas o poder para viver a vida de **Cristo**, uma vida baseada em sua ressurreição. **Tudo isso implica depender diariamente de Cristo e da sua graça para produzir a vida de Cristo em mim**! João 1:16 diz: *Pois todos recebemos da sua plenitude, graça sobre graça*. A expressão "graça sobre graça" traz a ideia das ondas do mar. Mal chega uma primeira onda na praia, outra onda está logo atrás, tomando seu lugar. Assim é a graça imerecida de Deus em nossa vida!

Infelizmente, muitos não vivem a realidade da graça de Deus, nem na salvação, muito menos na santificação. Todas as religiões do mundo, menos o verdadeiro cristianismo, opõem-se à ideia da graça na salvação. As boas-novas do evangelho incluem, em primeiro lugar, o fato de que **a cruz de Cristo nos garante o perdão de Deus — de graça!** Não podemos buscar nos aperfeiçoar pelo desempenho, pelo sacrifício ou pelo esforço próprio. A Bíblia afirma que Deus perdoa completamente os que abraçam pela fé o sacrifício de Jesus em seu lugar. Assim Deus lidou com a morte espiritual, consequência da queda.

A cruz de Cristo nos liberta para que possamos experimentar o perdão de Deus pelos nossos pecados. Se, porém, pararmos a nossa busca espiritual apenas no perdão de Deus, teremos alcançado somente metade das "boas-novas" do evangelho: **a ressurreição de Cristo permite que a vida de Cristo seja vivida através de nós**.

Se foi pela cruz de Cristo que recebemos o **perdão** dos pecados, na Sua ressurreição adquirimos o **poder** para que a vida de Cristo seja vivida através de nós. Morremos com Cristo na cruz, mas vivemos com Ele em Sua ressurreição. Ele não ressurgiu para nos "reformar", mas para que pudesse viver Sua vida através de nós (2Coríntios 5:21; Romanos 6:4,5; Romanos 8:29; 2Coríntios 3:18). Essa nova vida em Cristo (2Coríntios 5:17) permite que vivamos da maneira planejada por Deus desde o jardim do Éden: uma vida que combate outros efeitos da queda na vida diária — competição entre cônjuges; feminismo e machismo; filhos rebeldes; pais negligentes. A vida de Cristo vivida por meio de nós, pelo Seu poder, pela Sua graça e para a Sua glória, é o ideal de Deus para nós. Assim Paulo declara em Gálatas 2:19,20: *Já estou crucificado com Cristo. Portanto, não sou mais eu quem vive, mas é Cristo quem vive em mim. E essa vida que vivo agora no corpo, vivo pela fé no Filho de Deus, que me amou e se entregou por mim.*

É desta maneira que o autor Bob George resume o impacto transformador dessa verdade:

> Jesus Cristo, vivo espiritualmente, entregou sua vida **por** nós. Por quê? Para que ele pudesse dar sua vida **para** nós. [...] Enquanto a mensagem do perdão divino pela cruz alivia nossa culpa e nos dá certeza sobre para onde iremos quando morrermos, não nos dá o poder para viver aqui e agora. *É pela ressurreição de Cristo que* [...] **recebemos sua vida** pela presença do Espírito Santo. [...] Cristo não veio para me "ajudar" a servir a Deus; **ele veio para viver sua vida através de mim**![2]

---

[2] GEORGE, Bob. *Classic christianity*. Eugene, OR: Harvest House Pub., 1989, p. 51-52.

Qual a diferença que esse plano gracioso de Deus faz em minha vida?

- Vivo como filho amado de Deus, seguro em minha posição filial, não com o medo de um escravo que teme perder sua aceitação diante do Mestre.
- Sirvo a Deus pela gratidão por aquilo que Ele já fez por mim, e não para receber mais dele (Efésios 1:3).
- Pratico as "disciplinas" da vida cristã para crescer na graça (2Pedro 3:18), para contemplar a imagem e a glória de Cristo (2Coríntios 3:18) e por sentir minha extrema necessidade de crescer por meio dele (1Pedro 2:2). Elas são o ar que o cristão respira e nos inspiram a viver a vida de Cristo.
- Encontro liberdade para "tirar a máscara" e ser transparente em meus relacionamentos no lar e na comunidade, sem tentar projetar uma imagem que ainda não alcancei.
- Descubro a motivação correta e a força necessária, não para ser um marido (ou uma esposa) perfeito(a), mas para resgatar o plano de Deus para o meu lar.
- Ministro a graça de Deus para outros enquanto mantenho o alto padrão de santidade apresentado nas Escrituras.
- Vivo ciente da minha eterna dependência de Cristo, momento após momento, pois por mim mesmo sou incapaz de viver a vida cristã.
- Vivo "na esfera do coração", e não na das aparências, ajudando a mim mesmo, meus filhos e outros discípulos a reconhecermos nossa pobreza de espírito e necessidade de Cristo.

Infelizmente, não aprendi de uma vez por todas. Continuo caindo, tendendo a voltar para os velhos hábitos de autossuficiência, pensando que sou capaz de viver a vida cristã na própria força. Agora, porém, quando me vejo com pouco desejo de orar, estudar a Bíblia ou cultuar a Deus, sei que estou doente. O remédio é voltar a enxergar a podridão do meu coração e correr até a cruz de Cristo, que jorra graça. Deus me oferece uma vida debaixo da Sua infinita graça — graça sobre graça, como ondas do mar — primeiro na salvação e depois na santificação. Essa graça me motiva hoje mais do que toda culpa. Dou graças a Deus pela Sua "graça sobre graça", pois "graça" resume o projeto de Deus para mim!

LIÇÃO 4

Reavivamento a partir da família

> PRINCÍPIO DE CONSTRUÇÃO
> A plenitude autêntica do Espírito Santo manifesta-se, acima de tudo, no lar.

- **Objetivos do estudo**

Como resultado deste estudo, os membros do grupo devem ser capazes de:

- Reconhecer as mudanças sobrenaturais que o Espírito Santo deseja provocar no lar cristão.
- Valorizar o impacto que a obra de Cristo tem para reverter a maldição da queda.
- Identificar áreas em que sua vida familiar não esteja sendo controlada pelo Espírito de Deus e pela Palavra de Deus. Depender dele para mudanças.

Sugestões:

1. Alguns aspectos deste estudo podem ser polêmicos, por tocarem em doutrinas controvertidas em nossos dias (plenitude do Espírito, batismo no Espírito, papel da mulher, papel do homem etc.). Procure não se deter nessas questões paralelas para não desfalcar a ênfase do texto bíblico e desta lição.

2. Se o grupo ainda não desenvolveu o hábito de orar uns pelos outros, talvez queira compartilhar pedidos de oração para serem anotados no caderno de oração sugerido no final deste livro. Atualizem suas listas de oração no início ou no final de cada encontro.

TERRAPLENAGEM

Acendendo o fósforo

- MATERIAL NECESSÁRIO: Caixa de fósforos, com pelo menos um fósforo para cada membro do grupo (esta sugestão é mais apropriada para um grupo razoavelmente pequeno, com sete casais ou menos participantes).

- PROCEDIMENTO: O líder distribui um fósforo para cada membro do grupo. Cada um, por sua vez, acende o fósforo e faz uma autoapresentação, mas somente enquanto o fósforo estiver queimando. (Enquanto encoraja os mais "tímidos" a falarem, este quebra-gelo ajuda a controlar a tendência que alguns membros do grupo têm de dominar as discussões.)

FIRMANDO ALICERCES

1. Como grupo, procurem enumerar rapidamente os resultados trágicos da queda, estudados na lição 3. Alguém que tenha visto durante esta semana alguns exemplos vívidos desses resultados, nas notícias ou em outros contextos, pode compartilhá-los com o grupo.

_____
_____
_____

2. Compartilhem o que significou para vocês o artigo "Graça sobre graça" (p. 54). Façam comentários específicos sobre a vida cristã vivida pela culpa *versus* a vida cristã conduzida pela graça. Quais as diferenças entre essas duas condições? Algum membro

do grupo viu na própria família alguma evidência de um desses dois estilos de vida?

_____

_____

_____

ERGUENDO PAREDES

Muitas pessoas hoje oram por um reavivamento geral na igreja, no Brasil e no mundo. No entanto, muitos estão olhando para o lugar errado. Conforme declara a Palavra de Deus, o verdadeiro reavivamento se inicia justamente no lugar que foi alvo do primeiro ataque de Satanás: o lar. Como veremos, Deus criou a família, em parte, para espelhar e espalhar Sua imagem na terra. O inimigo, porém, infiltrou-se no jardim do Éden, contaminou o primeiro casal com o veneno de suas mentiras, desfigurando a imagem de Deus, mesmo sem apagá-la completamente.

A entrada do pecado no mundo abalou o lar. A imagem de Deus refletida no casal (Gênesis 1:27) ficou ofuscada. Em vez de auxílio mútuo, havia antagonismo. Em lugar de complementação, acusação. Em vez de liderança sacrificial e amorosa, opressão. A multiplicação de novas imagens de Deus seria acompanhada pela multiplicação de dor na criação de filhos. A ordem para governar e subjugar a terra levaria ao suor e à exaustão, assim como à vitória final da terra sobre o homem, que voltaria ao pó. No entanto, para a felicidade do homem decaído, as nuvens de desespero do jardim do Éden converteram-se em raios de esperança no jardim de Getsêmani. Jesus Cristo recebeu o cálice da morte do próprio Pai, para depois dar um golpe fatal na maldição. Sua morte e ressurreição marcaram o começo do fim para as consequências do pecado.

Portanto, se alguém está em Cristo, é nova criação; as coisas velhas já passaram, e surgiram coisas novas (2Coríntios 5:17). Os efeitos da cruz e da renovação da imagem de Deus manifestam-se no lugar onde os efeitos do pecado foram sentidos de forma trágica: o lar. Vemos isso claramente em Efésios 5:18—6:4 e Colossenses 3:16—4:1.

1. **Leia Efésios 5:18-21.** O que o apóstolo recomenda que evitemos? Do que ele recomenda que nos deixemos encher? O que essas duas coisas têm em comum? Em que elas diferem?

_____
_____
_____

A proibição de não sermos dominados pelo vinho (vícios, elementos estranhos) e a ordem de nos tornarmos "cheios" do Espírito sugerem a ideia de "controle". Só que o vinho "controla" pelo "descontrole", ao passo que o Espírito nos controla pela Palavra de Deus (Colossenses 3:16).

Os costumes carnais dos efésios incluíam festas e orgias em adoração ao deus do vinho. Paulo ordenou (imperativo presente) que os crentes deixassem aquela vida carnal.

Podemos encarar o efeito da bebida de duas maneiras. Por um lado, o vinho faz com que a pessoa perca o controle de si, ou seja, fique **descontrolada**. Ela se solta e, muitas vezes, faz coisas que nunca faria se estivesse sóbria. A palavra "devassidão" ou "dissolução" traz a ideia de vida fora do controle. Por outro lado, podemos dizer que a bebida alcoólica **controla, domina** a pessoa, pois tem o poder de mudar radicalmente sua personalidade, seu comportamento e suas atitudes.

A segunda parte do versículo 18 dá uma ordem positiva, em contraste com a proibição de ser dominado pelo vinho conforme o "velho homem". O "novo homem" tem um novo centro de controle e passa a ser direcionado pelo Espírito de Deus. A vida de Cristo vivida através dele, pelo poder do Espírito, capacita-o a ter atitudes e comportamentos que, sem o controle do Espírito, ele nunca teria.

Ser "cheio do Espírito" não significa ter mais do Espírito, mas que o Espírito "tem mais de mim"!

2. **Leia o texto paralelo em Colossenses 3:16,17.** Nesse texto, a ordem é que sejamos cheios da Palavra de Deus. Note que praticamente a mesma série de evidências da plenitude do

Espírito que encontramos em Efésios acompanha a plenitude (habitação) da Palavra em Colossenses. Qual a ligação entre os dois textos e as "duas plenitudes"?

_____
_____
_____

À luz desses dois textos, podemos afirmar que o Espírito de Deus usa a Palavra de Deus para controlar o povo de Deus! Nunca devemos nos distanciar da atuação do Espírito de Deus e da Palavra de Deus, da qual o Espírito de Deus é o autor! Ele não pode contradizer a si mesmo!

A palavra "reavivamento" traz a ideia de nova vida, com poder para viver a vida cristã (ou seja, a vida de Cristo em nós). Podemos entender que o controle do Espírito produzido pela habitação da Palavra no cristão caracteriza um verdadeiro "reavivamento". O que é surpreendente é que tanto Efésios quanto Colossenses dão uma série de evidências dessa plenitude com ênfase no lar!

3. Preencha o gráfico que se segue com uma palavra ou frase na coluna da esquerda. Ela deve descrever a evidência mencionada nos dois textos:

EVIDÊNCIA	Efésios 5:18—6:9: ... enchei-vos do Espírito	Colossenses 3:16—4:1: A palavra de Cristo habite ricamente em vós
Exortação e edificação mútuas	(19a) *falando entre vós.*	(16) *ensinai e aconselhai uns aos outros.*
	(19b) *com salmos, hinos e cânticos espirituais, cantando e louvando ao Senhor no coração.*	(16) *com salmos, hinos e cânticos espirituais, louvando a Deus.*
	(20) *e sempre dando graças por tudo.*	(16) *com gratidão no coração.* (17) *dando graças por ele a Deus Pai.*

	(21) *sujeitando-vos uns aos outros no temor de Cristo.*	
	(22) *Mulheres, cada uma de vós seja submissa* (33) *a mulher respeite o marido.*	(18) *Mulheres, cada uma de vós seja submissa ao próprio marido.*
	(25) *Maridos, cada um de vós ame a sua mulher.*	(19) *Maridos, cada um de vós ame sua mulher.*
	(6:1) *Filhos, sede obedientes a vossos pais.*	(20) *Filhos, obedecei em tudo a vossos pais.*
	(6:4) *E vós, pais, não provoqueis a ira dos vossos filhos.*	(21) *Pais, não irriteis vossos filhos.*
	(6:5) *Vós, escravos, obedecei a vossos senhores.*	(22) *Escravos, obedecei em tudo a vossos senhores.*
	(6:9) *E vós, senhores, [...] deixando de ameaçá-los.*	(4:1) *Senhores, tratai vossos escravos com justiça e imparcialidade.*

4. Repare quantas evidências da plenitude do Espírito e da Palavra nos dois textos estão voltadas para o lar! (Note que, dentro do contexto cultural daqueles dias, mesmo os versículos que tratam do relacionamento entre servos e senhores são textos "domésticos".) Por que o lar é um ótimo contexto para testar a validade da nossa fé?

_____

_____

No lar, somos o que somos. Tiramos as máscaras, sentimo-nos à vontade e paramos o *show* de aparências. Para muitos, o lar representa um lugar de anonimidade, torna-se um laboratório que revela nosso coração.

Estude mais um gráfico, que mostra os efeitos da queda e os efeitos da nova vida em Cristo (o reavivamento verdadeiro):

Efeitos da queda (Gênesis 3:7-19)	**Vida no Espírito e na Palavra** (Efésios 5:18—6:9; Colossenses 3:16—4:1)
Autojustificação e acusação.	Exortação e edificação mútuas.
Medo e vergonha diante de Deus.	Adoração a Deus.
Ingratidão por Deus ter criado a mulher.	Gratidão a Deus.
Competição.	Submissão mútua.
Tentativa de a esposa dominar o marido.	Submissão e respeito da esposa.
Opressão da esposa pelo marido.	Amor sacrificial do marido.
Assassinato de um filho pelo irmão.	Obediência e honra dos filhos.
Pais que lidam com um filho morto pelo irmão, que se torna um fugitivo.	Pais compreensivos que criam seus filhos na disciplina do Senhor.

5. O que acontece quando alguém está "em Cristo", controlado pela Palavra de Deus e pelo Espírito de Deus? Como explicar as mudanças?

_____
_____
_____

Os efeitos da queda são revertidos quando alguém (ou a família) está "em Cristo"! Deus, pela Sua infinita graça, pode dar um novo começo para a família.

6. "A plenitude autêntica do Espírito Santo manifesta-se, acima de tudo, no lar." Você concorda ou discorda desta declaração? Por quê?

_____
_____
_____

7. Leia 1Timóteo 3:1,2,4,5 e Tito 1:6. Note que a primeira qualificação do líder espiritual, apresentada por Paulo depois da qualidade irrepreensível, está voltada para o lar: marido de uma só mulher. Note também que a qualificação mais detalhadamente explicada — deve governar bem a própria casa — refere-se também ao lar. Qual a razão citada em 1Timóteo 3:5 para essa qualificação? Como entender a prioridade dada ao lar do líder nesses textos?

_____
_____
_____

A igreja é como uma família, e a família é como uma igreja (1Timóteo 3:16). Se alguém não consegue cuidar bem do pequeno rebanho (a família), como cuidará da família maior (o rebanho que é a igreja)? O argumento é "do menor para o maior". Em outras palavras, a fé verdadeira manifesta-se, mais uma vez, na esfera do lar. Se não funciona em casa, não a exporte!

Conclusão

Você quer experimentar um verdadeiro reavivamento? Não pense somente em termos de vigílias de oração, jejuns, "louvorzão", campanhas evangelísticas, grandes demonstrações de poder ou dons do Espírito. Pense em termos da própria família — seu relacionamento com seu cônjuge, seus filhos, seus pais.

A Palavra de Deus reina em seu lar? O Espírito de Deus está transformando sua família de dentro para fora? Seus relacionamentos estão de acordo com as descrições de Efésios 5, Colossenses 3 e

1Timóteo 3? Há submissão mútua? Amor sacrificial? Respeito? Os filhos são obedientes e respeitosos? Os pais são amorosos e disciplinam seus filhos?

Tome alguns minutos com o grupo para orar pelo reavivamento verdadeiro, a começar nos lares dos próprios membros do grupo. Assumam, diante de Deus, o compromisso de a Sua Palavra permanecer no centro dos seus planos, pensamentos e ações.

INSPECIONANDO A CONSTRUÇÃO

Esta semana, avalie sua vida devocional, no âmbito individual e no âmbito familiar. Não pense somente em termos das "disciplinas" da vida cristã, mas na vida de comunhão constante com Deus. Pense em pelo menos um projeto que poderia desenvolver para melhorar, pessoalmente e em família, a comunhão com Ele. Esteja pronto para compartilhar seu projeto no próximo encontro.

_____
_____
_____

Leia o artigo "Reavivamento familiar: andando com Deus em casa" (p. 64). Note os benefícios que resultam para a família quando andamos na presença de Deus. Quais as aplicações práticas que você tira da leitura?

_____
_____
_____

ACABAMENTO

Leia 1Tessalonicenses 5:16-18. Note, nesse texto, o termo *sempre* e as expressões *sem cessar* e *por todas as coisas*. Eles descrevem uma vida em constante comunhão com Deus, que tem a perspectiva dEle sobre tudo o que acontece. Como as atitudes expressas nesses versículos refletem o verdadeiro reavivamento provocado pelo Espírito de Deus? É possível se alegrar *sempre*? Em que sentido devemos orar *sem cessar*? Será que realmente podemos dar graças *por todas as coisas* que acontecem?

_____
_____
_____

REAVIVAMENTO FAMILIAR

Andando com Deus em casa[1]

Nos Estados Unidos, conheço um cemitério muito antigo. Várias vezes resolvi dirigir-me àquele cemitério. Você pode achar isso estranho. Mas enquanto passeava por suas ruas, lia as inscrições nos epitáfios, procurando imaginar como tinha sido a vida daquelas pessoas, suas alegrias, tristezas, suas famílias, sua carreira profissional [...] e como teria sido sua vida em relação a Deus. Depois passei a pensar sobre a minha vida. O que eu gostaria que as pessoas soubessem a meu respeito após minha morte? Quem fosse ao cemitério e visse meu epitáfio, o que iria ler? Pensar nisso não é algo tão estranho, pois o próprio Salomão mencionou que esse exercício é algo salutar para o homem (Eclesiastes 7:2).

Conheço outro cemitério. Este, porém, se encontra na Palavra de Deus. Nele, descobri que há, sim, esperança para as pessoas que, como eu, desejam viver uma vida mais profunda e de verdadeiro significado. Esse cemitério se encontra em Gênesis 5:1-31.

Quando entramos nesse cemitério, encontramos um resumo da vida de várias pessoas. Na primeira quadra está o túmulo de Adão, e seu epitáfio diz: *Todos os dias que Adão viveu foram novecentos e trinta anos; e morreu* (Gênesis 5:5). Mais adiante, encontramos o de Sete, que diz: *Todos os dias de Sete foram novecentos e doze anos; e morreu* (Gênesis 5:8). Continuamos andando e encontramos os túmulos de Enos, Quenã, Maalalel e Jarede. Em todos esses as palavras se repetem: *Todos os dias [...] foram [...]; e morreu.*

---

[1]Agradecemos ao nosso amigo Adeildo Luciano Conceição por algumas adaptações e revisões desse artigo.

No entanto, de repente, encontramos uma placa onde deveria existir um túmulo, e nela se vê a simples inscrição: *Enoque andou com Deus*. Isso porque, conforme relata a Bíblia, *Enoque viveu sessenta e cinco anos, e gerou Matusalém. Depois que gerou Matusalém, Enoque andou com Deus durante trezentos anos; e gerou filhos e filhas. Todos os dias de Enoque foram trezentos e sessenta e cinco anos. Enoque andou com Deus até que não foi mais visto, porque Deus o havia tomado* (Gênesis 5:21-24).

Enoque e Elias são os únicos homens que a Bíblia menciona terem escapado da morte, pois Deus os tomou para si. O sepulcro de Enoque está vazio. Isso nos diz que há esperança de uma vida mais profunda e cheia de significado. Não precisamos passar pelo ciclo vicioso de vida e de morte, pois podemos andar com Deus! Por trás das nuvens negras da morte, brilham pelo menos três raios de esperança para todos nós:

1. Quem anda com Deus descobre o verdadeiro sentido da vida. Deus dissera a Adão que sua desobediência lhe acarretaria a morte. Novecentos anos se passaram, porém, e Adão ainda estava vivo. Quem faz a leitura dos primeiros quatro capítulos de Gênesis poderia perguntar: será que Satanás tinha razão ao afirmar que certamente Adão e Eva não morreriam como resultado da sua desobediência? O capítulo 5 vem comprovar a veracidade da advertência divina: *e morreu... e morreu... e morreu...* Ninguém escapa. A morte é a triste realidade da consequência natural do pecado.

Morte é o tema de Gênesis 5. Morte nunca foi o plano de Deus para este mundo. Nos capítulos 1 a 3 de Gênesis, vemos Deus como um bom Pai, com filhos feitos à Sua semelhança, feitos para serem abençoados, com vida e com comunhão constante e amorosa. Entretanto, por causa da desobediência, Seus filhos caíram debaixo da maldição da morte. A morte passa a reinar por causa do pecado. Aqueles que foram feitos para viver são agora destinados a morrer, voltando ao pó, vítimas da serpente que agora também come o pó.

A partir desse momento, a vida pareceu perder sua razão de ser. O homem entrou num ciclo de nascer, crescer, gerar filhos e morrer. E, no texto, esse ciclo se torna monótono, vez após vez, oito vezes, pessoa por pessoa, até chegarmos ao versículo 21.

De repente, algo inédito acontece. Uma quebra dramática da narrativa é feita. Enoque não "morreu"; ele andou com Deus, e Deus o levou! Enoque não "viveu com Deus"; ele "andou com Deus". Andar com Deus está em um nível acima do simples viver com Ele. Para mostrar que a vida de Enoque foi a exceção no meio de homens que viveram sem sentido, o texto destaca duas vezes o andar com Deus, e isso faz brilhar para nós um raio de esperança. Não precisamos nos entregar a uma vida insignificante. O segredo de uma vida significativa é o andar com Deus.

Enoque rompeu o ciclo vicioso, pois achou significado na vida muito acima de seus contemporâneos. Viveu como luz e sal da terra. Era uma pessoa que inspirava esperança, um verdadeiro raio de esperança em meio às trevas do pecado. Ele voltou a andar com Deus, mesmo estando fora do jardim, como Adão e Eva. E hoje, Jesus nos propõe a mesma coisa: segui-Lo para andar na luz e ter comunhão com Ele (João 8:12,32).

2. **Quem anda com Deus dirige sua vida pela fé.** Como poderemos romper os ciclos da mera existência: nascer, estudar, casar, trabalhar, ter filhos, aposentar-se e morrer? Em outras palavras, como vamos andar com Deus em cada uma dessas etapas da vida e transformá-las à luz da presença eterna e santa de Deus? Como experimentaremos um reavivamento verdadeiro?

A vida de Enoque nos traz a resposta. Ela nos mostra a graça de Deus no meio de um dos capítulos mais tristes da Bíblia. Ali, a marcha fúnebre para de vez, e só ouvimos as cordas da vitória. Para escapar do aguilhão da morte, precisamos andar com Deus pela fé. Embora o autor não explique aqui o significado da expressão *andou com Deus*, descobrimos mais tarde o que isso implica.

Enoque não atingiu esse ideal de vida pelos próprios esforços, mas, sim, pela fé. Conforme o autor de Hebreus, viver pela fé foi o segredo de Enoque para estar com Deus (Hebreus 11:5,6). A maior prova da veracidade da nossa fé é o andar com Cristo (Colossenses 2:6,7). Enoque tinha um Deus tão grande e um "eu" tão pequeno que a única opção para ele foi viver na sombra desse grande Deus. Ele não confiava nos próprios pensamentos, sonhos e planos (Jeremias 17:9), mas, sim, confiava que Deus existe e que galardoa aqueles que andam com Ele. Acreditava que valia a pena andar com Deus e confiar nele, apesar das pressões de sua sociedade pecaminosa.

O verbo hebraico que é traduzido em português por "andar" (Gênesis 5:21) transmite a ideia de "passear para cá e para lá", sempre na presença de Deus. É o mesmo usado para descrever Adão e Eva no Éden. É usado também com referência a Abraão, em Gênesis 13:17, quando Deus mandou que Abraão examinasse de uma extremidade à outra a terra prometida. Significa viver todos os momentos, tomar todas as decisões, avaliar todos os pensamentos, consultar em todas as dúvidas o Criador do universo.

Ninguém anda com Deus puxando-o como uma criança puxa o pai para ir à loja de brinquedos. Não somos "colegas" de Deus. Na verdade, é Ele quem nos dirige, nos guia e nos direciona, e nós apenas O seguimos. Quem quer andar com Deus pela fé precisa deixar que Ele faça as escolhas, precisa ir aonde Ele vai e fazer o que Ele faz.

3. **Quem anda com Deus deleita-se com os presentes que recebe das mãos amorosas do Pai celestial.** Enquanto os que vivem sem Deus procuram saciar sua sede de sentido para a vida em coisas estranhas, aqueles que andam com Deus pela fé deleitam-se com os detalhes mais rotineiros de sua vida, pois neles descobrem que o que Paulo disse é verdade: *Sabemos que Deus faz com que todas as coisas concorram para o bem daqueles que o amam...* (Romanos 8:28). A presença de Deus ilumina cada detalhe de nossa vida e nos torna pessoas satisfeitas. Podemos agradecer a Deus pelo café da manhã, louvá-lo por nossa saúde, ser gratos pela blusa que vestimos no inverno... No entanto, devemos também ser gratos a Ele quando perdemos nosso emprego, batemos o carro, passamos por uma doença, tudo porque sabemos que Deus não desperdiça NADA no processo de nos conformar à imagem de Seu Filho (Romanos 8:28,29). Em todas as situações, nós, os filhos de Deus, sabemos que Deus está conosco e sentimos Seu amor nos detalhes de nossa vida.

A presença de Deus não apenas trará sentido para os detalhes da nossa vida, mas, por meio dela, deixaremos um legado para nossa família. Matusalém, filho de Enoque, viveu até o ano do dilúvio e viveu mais do que qualquer outro homem na face da terra. Talvez seja um sinal de que ele aprendeu com seu pai o que significava, primeiro, obedecer a Deus e, segundo, honrar os pais (Efésios 6:3). Noé, bisneto de Enoque, juntamente com sua família, foi o único homem salvo no dilúvio. Com certeza, aprendeu o temor a Deus porque aprendeu de sua família o que significava honrar a Deus.

Pode haver presentes melhores do que esses? Sentido para a vida que traz contentamento e felicidade, além de um legado para a família que leva nossos descendentes para mais perto de Deus? Só isso bastaria para desejarmos andar com Deus. Entretanto, há ainda mais um presente: a vida eterna.

Podemos imaginar um cenário: Um dia Enoque e Deus estavam passeando, como de costume, quando, de repente, Enoque olhou para o relógio, viu que era tarde e disse: "Deus, é muito tarde, preciso voltar para casa". Deus, porém, lhe respondeu: "Enoque, parece que hoje estamos mais próximos de minha casa. Que tal você pernoitar comigo hoje?" E Enoque nunca mais voltou.

Em verdade, em verdade vos digo que quem ouve a minha palavra e crê naquele que me enviou, TEM A VIDA ETERNA *e não vai a julgamento, mas já passou da morte para a vida* (João 5:24). *E a vida eterna é esta: que conheçam a ti, o único Deus verdadeiro, e a Jesus Cristo, que enviaste* (João 17:3).

Hoje, o mundo oferece uma série de coisas pensando em dar sentido à vida: dinheiro, fama, tecnologia, drogas e sexo. Aprendemos, porém, com Enoque que, para o homem descobrir o verdadeiro sentido de sua vida, basta voltar-se para o seu Criador e "andar com Deus". Sua vida então deixará de ser "terrena" e passará a ser "celestial".

Há muitas coisas que poderiam ser escritas como epitáfio no nosso sepulcro, mas descobrimos nesse texto a melhor de todas: "Ele andou com Deus". Se você ou eu morrêssemos hoje, seria isso o que as pessoas falariam a nosso respeito?

Que essa seja a descrição da sua e da minha vida. Deus nos convida justamente para esse tipo de comunhão constante com Ele. Somente andando com o Senhor é que realmente "viveremos", e não apenas "existiremos" como seres criados por Deus. É esse o reavivamento verdadeiro!

PARTE II

O PLANO MESTRE

A imagem de Deus no lar

LIÇÃO 5

Espelhando a imagem de Deus

> PRINCÍPIO DE CONSTRUÇÃO
>
> *O casamento cristão reflete a imagem de Deus quando manifesta unidade na diversidade.*

■ Objetivos do estudo

Como resultado deste estudo, os membros do grupo devem ser capazes de:

- Refletir sobre a razão da existência da família e sua importância no plano de Deus.
- Valorizar a sabedoria de Deus, que fez homem e mulher à Sua imagem.
- Reconhecer as investidas do inimigo para manchar a imagem de Deus por meio de ataques contra a família.
- Apreciar e defender a "unidade na diversidade", que caracteriza a imagem de Deus no casal.

Sugestões:

1. O quebra-gelo "Uma joia nas mãos" mostra a importância dos elogios e do encorajamento sincero no corpo de Cristo.
2. Para ilustrar a ideia do reflexo da imagem de Deus no casal, alguém pode levar um espelho, que deve ser segurado por um

dos casais diante do grupo. Conversem sobre os aspectos da imagem de Deus vistos no indivíduo e no casal. Para mostrar como Satanás quer desfigurar (manchar, sujar) essa imagem, pode-se escrever com pincel atômico sobre o espelho ou até sujá-lo com lama.

TERRAPLENAGEM

Uma joia nas mãos

Escreva o nome de cada pessoa presente num cartão. Distribua os cartões entre os membros do grupo. (Ninguém deve ficar com o próprio nome!) Cada pessoa buscará outras três que possam lhe dar uma descrição positiva ou apresentar uma palavra de encorajamento. Em seguida, deve entregar o cartão à pessoa designada para recebê-lo e explicar os comentários do grupo.

FIRMANDO ALICERCES

1. Compartilhe suas reações diante da leitura do artigo "Reavivamento familiar: andando com Deus em casa" (p. 67). Quais os benefícios para a família quando andamos na presença de Deus? Quais as aplicações práticas que você tirou da leitura?

_____
_____
_____

2. Verifique se alguém no grupo desenvolveu algum projeto para melhorar sua comunhão com Deus pessoalmente e/ou na sua família.

ERGUENDO PAREDES

A partir desta lição, queremos refletir sobre o propósito de Deus para a família.

1. Por que a família existe? Por que Deus criou a família e a colocou no centro do Seu plano desde o início? Procure enumerar tantos propósitos para a família quanto possível.

_____
_____
_____

O primeiro propósito de Deus para a família: espelhar Sua imagem

Leia Gênesis 1:26-28. Com base nesse texto, podemos identificar **dois grandes propósitos** de Deus para a família:

- **Espelhar** a glória da imagem de Deus (1:27).
- **Espalhar** a glória do reino de Deus (1:28a).

Mais adiante, em nossos estudos, veremos um terceiro propósito que faz parte dos dois primeiros: **representar** o reino de Deus (Gênesis 1:28b).

Quando Deus criou o homem e a mulher, Ele os fez com o objetivo de que neles fosse vista a imagem divina. Gênesis 1:27, no entanto, deixa claro também que, **como casal**, Adão e Eva refletiam aspectos da imagem de Deus que só podem ser percebidos na comunidade pactual da aliança conjugal.

2. Como um homem ou uma mulher (como indivíduos) refletem a imagem de Deus? Quais os "atributos" ou as características divinas também encontrados no ser humano, embora em escala menor?

_____
_____
_____

Diferentemente dos animais, o ser humano corresponde ao seu Criador de várias maneiras. Intelecto (raciocínio), emoção, vontade, autoconhecimento, adoração, reflexão, espírito, personalidade e muitas outras características refletem aspectos pessoais do nosso Deus.

Gênesis 1:27 (o primeiro versículo de poesia na Bíblia, com suas linhas paralelas) sugere que Deus criou "homem e mulher", o par, para refletir aspectos do Seu ser. Um indício nessa direção é o versículo 26. Observe o conselho deliberativo da Trindade ao criar o casal, representado pelo verbo na primeira pessoa do plural: *façamos*. Esse "façamos" é inédito em todos os outros seis dias da criação.

Nesse contexto, o versículo 27 destaca que a criação do homem à imagem de Deus incluiu um aspecto plural (homem **e** mulher) e um aspecto individual.

3. Como o homem e a mulher juntos, no relacionamento conjugal, podem refletir aspectos da imagem de Deus? Quais os atributos da família divina — Pai, Filho, Espírito Santo — refletidos por meio do relacionamento conjugal?

_____
_____
_____

Existem reflexos da pessoa de Deus que somente se veem em comunidade: amor incondicional; fidelidade pactual; intimidade; altruísmo; unidade na diversidade (dois em um refletindo três em um); submissão mútua; liderança amorosa; respeito e muito mais.

O aspecto principal da "imagem" de Deus refletida no casal é o relacionamento interpessoal de intimidade e de comunhão entre os dois. O alvo da unidade na diversidade deve ser refletir a perfeita harmonia e intimidade da Trindade.

Uma vez que o propósito de Deus em estabelecer o relacionamento conjugal foi espelhar para o mundo um pouco de si mesmo, devemos levar muito a sério o relacionamento a dois. Nas próximas lições, vamos examinar algumas implicações dessa verdade em três áreas:

1. PROTEÇÃO da imagem no casal — unidade na diversidade.
2. PROPAGAÇÃO da imagem na criação de filhos — multiplicidade.

3. PURIFICAÇÃO da imagem antes e depois do casamento — santidade.

Como já vimos, desde o dia em que o pecado invadiu a raça humana (Gênesis 3), seus efeitos desastrosos atingiram o casamento. Foi justamente para resgatar a imagem de Deus em nós que Jesus veio ao mundo. Hoje, há esperança mais uma vez para a família, quando ela é refeita em Cristo Jesus (2Coríntios 5:17). Como disse Jeremias em Lamentações, o livro outrora triste: *quero lembrar do que pode me dar esperança. A bondade do* SENHOR *é a razão de não sermos consumidos, as suas misericórdias não têm fim; renovam-se cada manhã. Grande é a tua fidelidade* (Lamentações 3:21-23).

4. Já estudamos Gênesis 3 e os efeitos da queda. **Leia Gênesis 3:7-13** novamente e procure enumerar os efeitos imediatos da queda no relacionamento entre o homem e a mulher, para sentir a tragédia do pecado na vida a dois.

_____
_____
_____

A queda afetou dramaticamente o reflexo da própria imagem que Deus havia imprimido no primeiro casal. É como se o inimigo tivesse quebrado o espelho da glória de Deus nas mãos de Adão e Eva. Esse espelho não foi destruído por completo, mas a imagem divina que nele se refletia ficou grandemente distorcida.

Os resultados do pecado no casal culminaram na perda da inocência, no sentimento de culpa, na vergonha da sexualidade, na acusação mútua, na quebra do relacionamento de "auxílio idôneo", no medo, na inversão de papéis e na fuga em conjunto do Criador.

Vemos a inversão do plano de Deus e o vandalismo da imagem de Deus no primeiro pecado. O homem, feito como guardião da Palavra de Deus, do jardim de Deus e da própria família, expõe sua esposa a uma morte fulminante. Abordado por Deus (note que Deus responsabiliza o homem, como cabeça da raça, pela entrada do pecado no mundo), ele acusa o próprio Deus e a mulher: *A mulher que me deste deu-me da árvore, e eu comi* (Gênesis 3:12). Lembrando que Deus havia dito: *no dia em que dela comeres* [da árvore proibida], *com certeza morrerás* (Gênesis 2:17), só podemos concluir que o homem fez uma tentativa desesperada de salvar a própria pele, a custo da vida da sua esposa.

5. O plano de Deus para o casal é a harmonia perfeita, apesar das diferenças entre eles. **Leia Efésios 4:26,27.** O que acontece quando o casal não lida com a ira e outros obstáculos erguidos entre os dois? Como aplicar esses versículos de forma prática?

_____
_____
_____

Quando a ira não é resolvida rapidamente, o inimigo aproveita essa brecha para distanciar os cônjuges. Por isso, os casais devem fazer todo o possível para resolver, se não os atritos, pelo menos a ira entre eles. Às vezes, será necessário "concordar em discordar".

6. Leia Efésios 5:22-33. Preste atenção especial ao versículo 32. Existe outra maneira pela qual o casal serve como reflexo das verdades divinas. Paulo mostra como Jesus pode restaurar o casal ao propósito original que Deus tinha para o homem e a mulher antes da queda. No final, o apóstolo diz: *Esse mistério é grande, MAS EU ME REFIRO A CRISTO E À IGREJA*. Em que sentido o casal casado, refeito pela graça de Jesus, reflete o relacionamento entre Cristo e a igreja?

_____
_____
_____

Conclusão

Pela Sua obra na cruz, Jesus "religa" o homem a Deus e cobre-o com a Sua justiça (2Coríntios 5:21). Pelo Espírito Santo e pela Palavra habitando nele, o homem recebe uma nova capacidade de obedecer a Deus e construir um casamento bíblico que serve outra vez como reflexo, embora ainda imperfeito, da glória do Criador na Trindade. O casamento serve também como reflexo do glorioso relacionamento entre Cristo e a igreja. Cristo amou a igreja, entregou-se por ela e a santifica e protege. O homem tem essas responsabilidades no relacionamento com sua esposa. A igreja submete-se a Cristo, ama-o e o respeita, assim como a mulher refeita em Cristo faz diante do seu marido. Que ilustrações lindas Deus embutiu no "espelho" do casal casado!

INSPECIONANDO A CONSTRUÇÃO

Leia o artigo "Trabalhando as diferenças" (p. 77).

Sua tarefa, esta semana, é conversar com seu cônjuge e depois enumerar as áreas que vocês têm em comum como casal e as áreas em que são diferentes. Reparem especialmente nas áreas em que os pontos fortes de um complementam os pontos fracos do outro. Conversem sobre como maximizar essas áreas para fortalecer o lar.

_____
_____
_____

ACABAMENTO

Todos percebem que a família está sob ataque (1Pedro 5:8). **Leia 2Timóteo 3:1-7** e procure enumerar as características dos *últimos dias* que tocam na família, junto com exemplos atuais que ilustram essas características.

_____
_____
_____

TRABALHANDO AS DIFERENÇAS

Deus tem senso de humor. Caso contrário, nunca teria juntado pessoas tão diferentes na instituição sagrada que chamamos "casamento":

- O introvertido casa-se com a "vida da festa";
- o "dorminhoco" junta-se àquela que acorda com os pássaros;
- ele esmaga o tubo do creme dental; ela faz carinho no tubo para persuadir o creme a sair;
- ele coloca o rolo de papel higiênico para sair de cima; ela, para sair de baixo;
- ele quer tirar férias nas montanhas; ela, na praia;
- ele gosta de churrascarias; ela adora comida chinesa;
- ele expressa amor por meio de atos de serviço; ela quer ouvir as palavras "Eu te amo";
- ele quer dormir com a janela aberta e o ventilador ligado, mesmo no inverno; ela usa dois cobertores, mesmo com a temperatura de 35 graus.

Infelizmente, nem todos acham graça nas diferenças que existem entre cônjuges. Pior, às vezes essas diferenças levam alguns casais à conclusão de que são "incompatíveis". Logo nos primeiros anos de casamento, ficam desiludidos, frustrados, decepcionados.

Não tem de ser assim. Para valorizarmos a individualidade de cada um, precisamos entender o propósito divino por trás das diferenças entre nós. Além disso, precisamos aprender a aproveitá-las para tornar o casamento ainda mais forte. **Deus chamou o homem e a mulher para se completarem, e não para competirem!**

Por que as diferenças?

Para entendermos esse "senso de humor divino" que une pessoas tão diferentes, precisamos voltar para o estabelecimento do casamento dentro do plano de Deus. Em Gênesis 2:15-24, descobrimos alguns princípios importantíssimos que explicam por que o ditado "os opostos se atraem" é verdadeiro para tantos casais.

1. **O homem precisava de ajuda para realizar sua tarefa no jardim.** Quando Deus fez o homem e o colocou no jardim do Éden, deu-lhe a tarefa de cuidar do jardim e cultivá-lo (Gênesis 2:15). Logo em seguida, Deus declarou que não era bom que o homem estivesse só (2:18). Nos seis dias da criação, essa foi a única vez em que Deus declarou que algo não era bom. Em outras palavras,

Deus disse: "Não dá! O homem não consegue realizar sozinho a obra que eu lhe entreguei para fazer na terra. Está faltando alguém". O que faltava era a mulher — Eva. Em Gênesis 2:18b,20, Eva foi chamada de "auxiliadora idônea". Infelizmente, muitos distorcem estes termos para fazer da mulher/esposa uma espécie de "capacho eficiente". Nada pode estar mais longe da verdade! O termo "auxiliadora" não significa "escrava" — alguém para lavar a roupa e fazer a comida. No Antigo Testamento, a mesma palavra hebraica foi usada para referir-se somente a uma outra pessoa — o próprio Deus! Quando se refere a Deus, o termo é traduzido por *auxílio* (Salmos 33:20), *amparo* (Salmos 115:9-11), *socorro* (Oseias 13:9) e *ajuda* (Deuteronômio 33:7). Em outras palavras, Deus é descrito como aquele que socorre os seres humanos na hora das suas maiores necessidades. Seria difícil imaginar um título mais nobre que "auxiliadora". Por sua graça, Deus colocou um representante dele ao lado de cada homem casado — um auxílio e amparo que o socorre e ajuda em todas as suas necessidades. Assim deve ser a esposa para o homem e, por implicação, o homem para sua esposa — complementos idôneos um para o outro!

2. **Deus criou a mulher para completar o que faltava no homem, e vice-versa.** O outro termo — "idônea" — significa literalmente "conforme o seu oposto" ou "de acordo com o que está diante dele". Em outras palavras, a mulher **corresponde** ao homem, mas também **completa** o homem. Ela é o que ele não é, faz o que ele não faz, supre o que ele não tem, e vice-versa. Assim como os dedos de duas mãos se correspondem, mas também se entrelaçam, homem e mulher, juntos, "fecham" as respectivas lacunas na vida de cada um.

Como aproveitar as diferenças?

Infelizmente, demoramos um pouco para perceber que as diferenças contribuem para a saúde do casamento. Alguns fazem de tudo para criar seu cônjuge à sua imagem. Por exemplo, alguém apaixonado por agendas e longas listas de afazeres casa-se com alguém que é bem mais "à vontade". Nos primeiros anos do casamento, cada um tenta fazer o outro à sua imagem; mas normalmente isso não funciona — e ainda bem! Afinal de contas, quem quer casar consigo mesmo? Escolhemos nosso cônjuge justamente pelo fato de ser **diferente** de nós.

Um dos segredos de um bom casamento não é que, com o passar do tempo, os dois eliminem as diferenças entre si. A chave é saber **trabalhar as diferenças**!

Um exemplo da biologia ilustra esse princípio. Dizem que, quanto mais diversificados os genes, mais forte torna-se a espécie. Isso pelo fato de que, quando dois animais com genes semelhantes cruzam, tendem a reforçar as fraquezas no código genético. No entanto, a diversidade genética enriquece e fortalece a cria, pois genes prejudiciais são contrabalanceados por genes saudáveis.

O casamento é assim também. O casal sábio aproveita as diferenças entre si para ministrar um ao outro justamente nas áreas de fraqueza ou falha. Por exemplo:

- Uma esposa extrovertida ajuda seu marido tímido em situações nas quais ele se sente desconfortável;
- um marido que não enxerga bem à noite deixa que sua esposa dirija o carro de volta para casa;
- uma esposa com muita capacidade de discernimento usa seu "sexto sentido" para advertir o marido contra maus negócios;
- um marido perfeccionista ajuda sua esposa menos detalhista a melhorar a qualidade de seu serviço;
- uma esposa compassiva amolece a rigidez do seu marido, que tem gênio forte;
- um marido menos voltado para os estudos conta com a ajuda da sua esposa estudiosa para auxiliá-lo no preparo da sua aula da Escola Bíblica Dominical.

Poderíamos multiplicar os exemplos, mas o ponto fica claro: o casal sábio aprende cedo a trabalhar as diferenças entre si para fortalecer, e não enfraquecer, seu lar. Esse casal sabe que as diferenças foram criadas por Deus não para competição, mas para a complementação em casa. Quando um é fraco, então o outro é forte, e vice-versa.

É bem melhor dar risadas diante das diferenças que há entre nós do que discutir sobre elas!

LIÇÃO 6

Protegendo a imagem de Deus na vida conjugal

> PRINCÍPIO DE CONSTRUÇÃO
>
> *Devemos proteger o relacionamento marido/esposa a qualquer custo, pois foi criado para refletir a imagem de Deus e o amor entre Cristo e a igreja.*

■ Objetivos do estudo

Como resultado deste estudo, os membros do grupo devem ser capazes de:

- Compreender a importância de proteger o relacionamento a dois.
- Verificar se algum "terceiro" ocupa o lugar central reservado para o relacionamento a dois.
- Fortalecer sua união conjugal pela exclusividade, fidelidade e intimidade a dois.

Sugestão:

Ao compartilhar as diferenças entre homem e mulher no casamento, procure manter o bom senso e o senso de humor, para que ninguém fique envergonhado. Mostre o "brilho" do casamento como fruto da unidade na diversidade do casal, um reflexo da Trindade.

Terraplenagem

Soletrando

Ao mesmo tempo que serve como "quebra-gelo", esse jogo ajuda a introduzir um tópico a ser discutido durante a aula.

- MATERIAL NECESSÁRIO: Folhas de papel divididas pela metade; uma das letras da palavra CASAMENTO deve estar escrita em cada folha, compondo o tema — palavra-chave — do estudo.

- PROCEDIMENTO: Dividir o grupo em "times" de nove pessoas (número de letras da palavra "casamento"). (Se o grupo tiver menos pessoas, pode entregar múltiplas folhas a cada pessoa.) Cada time recebe um "jogo" de folhas e repassa-as aos seus membros. Um membro é escolhido como "secretário" para anotar as palavras formadas pelo time. Dado o sinal, os membros do time precisarão se mexer para formar tantas palavras quanto possível, só usando as letras recebidas. Para valer pontos, os membros do time devem se deslocar e entrar numa fila mostrando a nova palavra. Quanto maior a palavra formada, mais pontos o time recebe. Sugerimos esta contagem de pontos: palavras de três letras, um ponto; palavras de quatro letras, dois pontos; palavras de cinco letras, três pontos, e assim por diante. As palavras formadas não devem ser nomes próprios. Não deve ser contado o singular de palavras já alistadas no plural, nem formas verbais flexionadas em pessoa e número. Depois de determinado limite de tempo (por exemplo, dois minutos), os resultados devem ser avaliados.

Firmando Alicerces

Compartilhe os resultados da leitura do artigo "Trabalhando as diferenças" (p. 77). Faça comentários sobre áreas em que há semelhanças de gostos e interesses e áreas em que há diferenças em seu casamento.

_____

_____

_____

ERGUENDO PAREDES

Leia outra vez o texto de **Gênesis 1:27,28**. No estudo anterior, descobrimos que o casal casado reflete aspectos preciosos da imagem de Deus, especialmente a unidade na diversidade. Vimos também que o casal casado em Cristo reflete o mistério do amor de Cristo pela igreja (Efésios 5:32). Essas verdades trazem implicações sérias para a família. Nas próximas lições, estudaremos essas implicações nos seguintes termos:

- **Proteção** da imagem de Deus no casal.
- **Propagação** da imagem de Deus nos filhos.
- **Purificação** da imagem de Deus antes e depois do casamento.

Mais uma vez, voltemos para o início da Palavra de Deus, a fim de descobrir o propósito de Deus para o relacionamento a dois. Gênesis 2:24, texto citado por Jesus e Paulo (v. Mateus 19:6 e Efésios 5:31), mostra a importância de guardarmos a santidade da imagem de Deus contra terceiros.

1. **Leia Gênesis 2:24.** O texto começa com *portanto*. Verifique bem o contexto (v. 21-23). A que ideias a palavra "portanto" se refere?

_____
_____
_____

Pelo fato de duas pessoas terem vindo de *uma só carne* (v. 24), e diante do Seu plano perfeito, Deus lhes dá a ordem de manter a unidade pela exclusividade, fidelidade e intimidade matrimoniais.

O fato de Deus ter feito de uma pessoa duas e, de duas pessoas, ter feito novamente uma — reflexo da Sua imagem — traz implicações ao casal casado. O texto (Gênesis 2:24) enumera três responsabilidades:

- *deixará seu pai e sua mãe* — **exclusividade** do relacionamento;
- *e se unirá à sua mulher* — **fidelidade** do casal;
- *e eles serão uma só carne* — **intimidade** do casal.

A exclusividade do relacionamento conjugal

A expressão "deixar pai e mãe" significa que o relacionamento do casal toma precedência sobre TODOS os outros relacionamentos, inclusive sobre a união entre pais e filhos. A imagem de Deus não se reflete no relacionamento pai—filho na mesma intensidade com que se revela na união marido—esposa.

2. À luz do que vimos sobre o casal como reflexo da Trindade da unidade na diversidade, diga por que "deixar pai e mãe" é importante para o casal.

_____
_____
_____

Podemos dizer que cada casal casado forma um novo núcleo, ou seja, um novo reflexo da glória da imagem de Deus. Esse reflexo não admite terceiros. O casal precisa fortalecer sua união pela independência da interferência de outros de quem antes dependiam.

3. Quais as implicações práticas do mandamento *deixará seu pai e sua mãe*? Por exemplo, o texto recomenda que um casal recém-casado deixe de morar com os pais? De ser sustentado pelos pais? De trabalhar junto com os pais? Qual a ênfase e o propósito dessa ordem?

_____
_____
_____

A ênfase da ordem *deixará seu pai e sua mãe* parece estar na formação de um novo lar, independentemente da influência, do controle e da interferência de outros. Qualquer influência ou ajuda de fora deve ser cuidadosamente avaliada — com gratidão. A ajuda não deve implicar obrigações que interfiram na soberania do novo lar. O eixo marido—esposa toma sempre a precedência sobre o eixo pai—filho.

Quando refletimos nas implicações da ordem *deixará seu pai e sua mãe*, devemos ficar boquiabertos. Podemos dizer que Deus considera a aliança conjugal algo mais forte do que os próprios elos genéticos que nos ligam a nossos pais (e filhos!). A implicação do texto é que o marido deveria valorizar e proteger o novo "código genético matrimonial" mais que o código genético físico herdado de seu pai e de sua mãe, que define cada cromossomo e célula do seu ser.

À luz da seriedade da aliança conjugal, entendemos que não somente os pais ou sogros devem ser respeitosamente "deixados", mas também possíveis interferências de "terceiros" não podem encontrar espaço entre o casal. A prioridade do relacionamento a dois exige uma proteção contra quaisquer "terceiros" que possam, eventualmente, interferir no casamento.

4. Em sua opinião, quais alguns dos possíveis "terceiros" costumam interferir na centralidade do relacionamento a dois? (Sejam criativos. Não pensem somente em pessoas, mas também em atividades, entidades, instituições que podem interferir na união conjugal.)

_____

_____

Resumindo, podemos dizer que TUDO que interfira na relação conjugal e a atrapalhe deve ser evitado: amigos e amigas; esportes; televisão; computador/internet; carreira; igreja; bens; *hobbies*; ministério e até mesmo os próprios filhos.

Falando em filhos, "filhocentrismo" é a paternidade centralizada nos filhos, na qual os filhos (e não o relacionamento conjugal) ficam no centro do universo familiar. Deus nunca quis que o relacionamento pai—filho tomasse o lugar do relacionamento marido—esposa.

5. Que evidências de "filhocentrismo" você já constatou ou experimentou?

_____

_____

Os pais devem ficar atentos à possibilidade de os filhos passarem a ocupar o centro do lar, sacudindo assim os fundamentos da família. Filhos que sempre dormem com os pais, no mesmo horário que estes; filhos que nunca podem ser contrariados; pais que recusam treinar os filhos para ficarem ou com parentes ou babás; pais que, antes do tempo próprio, permitem aos filhos pequenos fazer muitas escolhas; pais que vivem em torno dos filhos e por eles, são possíveis evidências de filhocentrismo no lar.

Obviamente, isso não quer dizer que os pais devem negligenciar seus filhos; muito pelo contrário. Entretanto, não podem permitir que o relacionamento pai—filho tome o lugar do relacionamento marido—esposa.

Para ilustrar (os membros do grupo podem dramatizar esta ilustração), imagine um casal recém-casado, com as duas mãos dadas. Chega o primeiro filho, que acaba ficando ENTRE o casal, assim afastando um pouco o marido e a esposa. Com cada filho que chega, a distância entre os dois aumenta. Imagine a confusão quando existem dois ou mais "centros do sistema solar familiar"! Rivalidade entre irmãos é outra consequência de cada filho achar que é o centro de todas as coisas na família. Quando os filhos de uma união irregular como essa saem de casa (a "síndrome do ninho vazio"), a distância entre marido e esposa pode continuar.

O plano de Deus, porém, é que os filhos integrem o círculo familiar, e não que se tornem o CENTRO do lar. Cada criança acrescentada ao "círculo" familiar simplesmente aumenta o círculo, mas sempre com a mamãe e o papai juntos, de mãos dadas. O círculo familiar deve girar em torno de Jesus, o eixo, e não em torno dos filhos. Em um lar cujos membros "giram" em torno de Cristo, no tempo em que os filhos saírem de casa, o marido e a esposa continuarão juntos (de mãos dadas).

Fidelidade ao relacionamento conjugal

No texto (Gênesis 2:24), a expressão seguinte é esta: *e se unirá à sua mulher*. Essa expressão ainda não se refere à união sexual do casal, mas à dedicação e ao compromisso de um com o outro. Estudaremos mais sobre esse compromisso na lição sobre aliança conjugal. No momento, basta dizer que a forma verbal *se unirá* é enfática. Traz a ideia de "grudar" ou "colar". À luz da unidade do casal e do seu reflexo da imagem de Deus, os cônjuges devem se dedicar total e fielmente um ao outro.

6. Como o casal casado pode fortalecer seu compromisso para com a aliança conjugal?

_____
_____
_____

A intimidade no relacionamento conjugal

É importante observar a ordem do texto:

1. *Deixará seu pai e sua mãe* — exclusividade;
2. *e se unirá à sua mulher* — fidelidade/compromisso;
3. *e eles serão uma só carne* — intimidade sexual.

A consumação física do relacionamento só é abençoada quando acontece DEPOIS do compromisso exclusivo (v. Hebreus 13:4).

Para refletir o brilho da imagem de Deus, o relacionamento conjugal precisa ser protegido contra as aberrações sexuais. O alvo de Satanás é desfigurar a imagem de Deus no ser humano. Por isso, seu ataque contra a família que reflete a imagem de Deus tem sido mais feroz que nunca (1Pedro 5:8). Ele sabe que seu tempo é limitado (Apocalipse 12:12). Reconhece, na intimidade do casal casado, um reflexo santo da imagem de Deus. Faz de tudo para sujar essa imagem, pervertendo a beleza do sexo e transformando-o numa aberração.

Só um Deus bom e criativo criaria algo tão fantástico como a união sexual! Nela, Ele une o "útil ao agradável". O momento de intimidade do casal é um momento em que os dois podem experimentar uma explosão de alegria ao se tornarem um fisicamente, expressando a intimidade de todos os outros níveis de seu ser. Esse momento faz transparecer altamente a imagem de Deus no casal — dois seres diferentes unidos pelo pacto juntam-se com compromisso, integridade, santidade e harmonia em seu relacionamento. Qualquer outro plano é uma aberração da imagem de Deus no casal e precisa ser recusado.

7. Como o casal casado pode proteger sua intimidade sexual?

_____
_____
_____

Tudo o que o casal pode fazer para manter a integridade do seu relacionamento, um reflexo da glória de santidade de Deus, é válido. Por exemplo:

- Evitar situações de constrangimento com terceiros (Provérbios 5:8).
- Estabelecer um alto padrão de santidade sexual (1Tessalonicenses 4:3-8).
- Estar vigilante quanto a formas de entretenimento sensual (Filipenses 4:8; Salmos 101).
- Fazer um "pacto com os olhos", conforme Jó (Jó 31:1).
- Colocar filtros e manter relacionamentos de prestação de contas no uso da internet (Salmos 101).
- Fugir de conversas "chulas" e de duplo sentido (Efésios 5:3,4).
- Cultivar amizade conjugal, disciplinando-se para passear juntos, participar de retiros de casais quando possível, ter uma noite de namoro etc.

Conclusão

As proibições contra aberrações sexuais que encontramos nas Escrituras têm profundas raízes na imagem de Deus e em Seu propósito para o casal. Deus não é um velho mal-humorado no céu, um desmancha-prazeres. Ele é um Deus zeloso pela Sua imagem e pelo bem-estar do homem e do casal a quem tanto ama. Por isso, protegemos o relacionamento conjugal a qualquer custo, pois ele reflete a glória de Deus e o amor entre Cristo e a igreja.

INSPECIONANDO A CONSTRUÇÃO

Esta semana, em casa, os membros do grupo devem ler o artigo "O propósito de Deus para a família" (p. 90).
Reflitam juntos sobre algumas destas questões:

(?) Existe algum "terceiro" — sogros, filhos, TV, computador, carreira, igreja — que esteja interferindo em nosso relacionamento? Que passos podemos dar para resolver a situação?

_____
_____
_____

(?) Existem quaisquer desconfianças entre nós quanto à fidelidade emocional, intelectual, espiritual e física de um para com o outro?

_____
_____
_____

(?) Estamos mutuamente satisfeitos com nosso relacionamento sexual? O que podemos fazer para atingir a satisfação nessa área?

_____
_____
_____

ACABAMENTO

Leia Hebreus 13:4, Provérbios 5:15-19 e 1Coríntios 7:3-5.
À luz do que já descobrimos sobre o casal feito à imagem de Deus, diga por que Ele abençoa e protege a intimidade conjugal.

_____
_____

Leia Romanos 1:26-28. Com base no que você já sabe sobre a imagem de Deus no casal e a santidade do relacionamento sexual, avalie as práticas enumeradas a seguir. Pergunte: onde cada prática se desvia do padrão divino para o sexo — **unidade** na **diversidade**, com santidade?

- Piadas sujas.
- Pornografia.
- Sensualidade.
- "Ficar".
- Fornicação/prostituição.
- Adultério.
- Homossexualidade.
- Aborto.

_____
_____
_____

O PROPÓSITO DE DEUS PARA A FAMÍLIA

"A família está morta", muitos dizem. No entanto, apesar das estatísticas, das crises, de tudo o que ouvimos, do que vai de encontro a esta ideia, Deus ainda não assinou o atestado de óbito da família. O plano que Ele elaborou no jardim do Éden, e que foi resgatado na cruz do Calvário, continua de pé ainda hoje. Entretanto, se quisermos um reavivamento em nossos dias, precisamos renovar uma perspectiva realmente bíblica do propósito de Deus para a família. Dos muitos propósitos divinos que poderíamos enumerar para a existência da família, dois englobam a maioria dos demais. Sem sabermos o porquê da família, dificilmente vamos acertar o "o quê" e o "como" da vida familiar. Como já vimos em parte, gostaríamos de enfatizar que Deus criou a família com pelo menos dois grandes propósitos em mente:

1. Espelhar a imagem de Deus.
2. Espalhar o reino de Deus.

1. A família existe para espelhar a imagem de Deus

Deus criou o homem e a mulher, cada um à Sua imagem. Eles representam algo sobre a pessoa de Deus como indivíduos (personalidade, intelecto, emoção, vontade, espírito etc.). Deus também criou **os dois** à sua imagem: *E Deus criou o homem à sua imagem; à imagem de Deus o criou;* HOMEM E MULHER OS CRIOU (Gênesis 1:27). *Homem e mulher os criou* — à imagem de Deus — significa que o casal, como tal, revela aspectos profundos sobre a pessoa de Deus. Esse foi o primeiro propósito de Deus para a união conjugal e revela a centralidade do relacionamento marido—esposa no plano divino. Mas o que, exatamente, o casal reflete que o indivíduo sozinho não é capaz de revelar?

Em primeiro lugar, o casal reflete unidade na diversidade, da mesma forma que podemos ver na Trindade — três pessoas distintas com funções diferentes — a harmonia total. Do mesmo modo, Deus criou o casal para existir em duas pessoas distintas, numa união tão completa que elas se tornam *uma só carne* (Gênesis 2:24), com intimidade, harmonia e unidade. Imagine: o casal constitui, na terra, uma ilustração da natureza divina! Por isso, a qualquer custo, o casal precisa proteger o relacionamento a dois, valorizando as diferenças e vivendo em harmonia.

Em segundo lugar, o casal reflete a imagem de Deus pelas qualidades de seu relacionamento. Há aspectos da personalidade de Deus, Seus atributos, que somente se veem em comunidade. Alguns deles são: o amor incondicional, a bondade, a longanimidade e a misericórdia. Deus criou a família para ser o lugar ideal em que esses atributos possam ser vistos na terra.

Em terceiro lugar, descobrimos que essa imagem de Deus no casal inclui o aspecto de procriação de novas imagens. Gênesis 5:1-3 assim revela: *No dia em que Deus criou o homem, ele o fez à semelhança de Deus. Criou o homem e a mulher; e os abençoou [...]. Adão viveu cento e trinta anos e gerou um filho à sua semelhança, conforme sua imagem, e pôs-lhe o nome de Sete.* Os filhos são fruto do amor dos pais e, pela graça de Deus, são também novas imagens, não somente de Deus, mas também dos pais.

2. A família existe para espalhar o reino de Deus

Para espalhar o conhecimento e a glória de Deus no mundo inteiro, Deus plantou uma família no jardim do Éden e lhe deu a ordem: *Frutificai e multiplicai-vos; enchei a terra e sujeitai-a...* (Gênesis 1:28). Esta é a primeira forma com que a Bíblia apresenta a grande comissão; a primeira ordem entregue ao homem nas Escrituras Sagradas! Deus queria que o conhecimento dele, por intermédio do casal, fosse espalhado no mundo todo. Não fosse a queda, Adão e Eva teriam multiplicado a imagem gloriosa de Deus ao redor do globo, por meio de pequenas representações da família divina e do amor de Deus. Infelizmente, o pecado estragou a festa. Desde a queda, a imagem de Deus no ser humano foi ofuscada (não apagada!). O pecado injetou conflito no relacionamento, antes harmonioso, entre marido e esposa, que não reflete mais tão claramente a imagem de Deus. Assim, temos agora acusação e atrito em lugar do amor e do perdão. Por isso, a imagem de Deus na família precisava ser resgatada, conforme a promessa que Deus fizera no próprio Éden (Gênesis 3:15). Jesus pagou o preço do resgate com Seu sangue, para que o homem em Cristo fosse *nova criação* (2Coríntios 5:17). Agora, em Cristo, a família pode novamente refletir a imagem de Deus na terra. Ainda não o faz de forma perfeita, pois não existem famílias perfeitas deste lado do céu. No entanto, com o perdão, há nova chance de refletir unidade na diversidade e amor incondicional. Essa imagem ainda precisa ser espalhada ao redor do mundo por intermédio das famílias verdadeiramente "cristãs", por meio das quais a vida de Cristo está sendo vivida. Com base nessas observações sobre os primeiros propósitos de Deus para a família, podemos ressaltar alguns princípios:

- O relacionamento a dois deve ser protegido, a qualquer custo, contra a invasão de terceiros, sejam eles quem forem: sogros, filhos, televisão, amigos, secretária, telefone etc.

- O testemunho da família deve ser vigiado a qualquer custo, pois a família é o primeiro lugar para o qual as pessoas vão olhar a fim de ver a atuação de Deus na terra.

- Os pais devem se dedicar "de corpo e alma" à tarefa de resgatar seus filhos das trevas, trazendo-os para Cristo e educando-os nos caminhos do Senhor.

- Filhos não ocupam o centro da família, mas integram o círculo familiar. O relacionamento marido—esposa constitui o centro de uma família estável. Os pais precisam aprender a valorizar e priorizar o relacionamento que devem manter entre si, como marido e mulher.

- Namorados e noivos devem estar atentos à proteção contra intimidades físicas que Deus reservou para a união conjugal: *Sejam honrados entre todos o matrimônio e a pureza do leito conjugal; pois Deus julgará os imorais e adúlteros* (Hebreus 13:4). *Portanto, o homem não separe o que Deus juntou* (Marcos 10:9). Podemos sugerir uma paráfrase para o último texto bíblico: "Portanto, o homem não junte o que Deus NÃO juntou". Intimidade precoce suja a imagem de Deus no casal antes de ser completamente formada.

Apesar de todas as crises familiares em nossos dias, a família não está morta. Para não morrer, a família precisa voltar à sua razão de existir: espelhar e espalhar a imagem de Deus. A família precisa ser protegida a qualquer custo, pois revela Deus para o mundo.

LIÇÃO 7

Propagando e purificando a imagem de Deus: resgatando os filhos

> Princípio de construção
>
> *Os pais têm a responsabilidade de preparar o coração dos filhos para seu futuro lar.*

▪ Objetivos do estudo

Como resultado deste estudo, os membros do grupo devem ser capazes de:

- Apreciar o privilégio e a responsabilidade de dar origem a novas imagens de Deus.
- Levar a sério o dever de transmitir a sua fé à próxima geração, de forma viva e criativa, resgatando assim a imagem de Deus em seus filhos.
- Entender a seriedade do seu papel no preparo dos filhos para o casamento.
- Descobrir a importância de "ganhar o coração" de seus filhos em termos de pureza moral e de abertura para orientá-los sobre relacionamentos antes do casamento.

Sugestões:
1. Tomar cuidado para que nenhum dos casais se sinta constrangido quando, na reunião do grupo, forem compartilhados os possíveis "terceiros" — aqueles que têm interferido no relacionamento a dois.
2. Será bom que, como parte do compartilhar, seja feita a revisão do que foi estudado até agora. Os participantes do grupo poderão destacar alguma área específica em que os estudos têm impactado sua vida.

TERRAPLENAGEM

Recordações da infância

- MATERIAL NECESSÁRIO: Canetas, folhas de papel em branco.
- PROCEDIMENTO: Distribua folhas de papel e canetas entre os participantes. Cada um deve entrevistar alguém à sua escolha, dentro do grupo, e colher dados sobre a infância do entrevistado: a brincadeira preferida; o maior susto; um aniversário inesquecível; o primeiro dia na escola; uma "aprontação"; uma boa ação.

Os participantes devem entrevistar alguém que não lhes seja familiar. O nome do entrevistado não deve ser escrito na folha. Terminado o tempo de entrevistas, reúna as folhas e leia, uma por uma, diante do grupo, que deverá identificar a pessoa a quem a folha descreve. O primeiro a acertar (excluídos o entrevistado e o entrevistador da folha que está sendo lida) ganha um prêmio.

FIRMANDO ALICERCES

1. Compartilhar: Quais são alguns dos "terceiros" que podem influenciar negativamente a centralidade do relacionamento conjugal?

2. Compartilhe com o grupo seus objetivos para o desenvolvimento espiritual dos filhos. Leve o grupo a orar pelo alcance desses objetivos.

_____
_____
_____

ERGUENDO PAREDES

Até aqui descobrimos que:

1. O casal casado deve refletir a imagem de Deus pela sua unidade na diversidade (Gênesis 1:27).
2. O relacionamento a dois deve ser protegido contra qualquer intromissão de terceiros (Gênesis 2:24).

Existem mais duas implicações práticas do fato de o casal ser um espelho da imagem de Deus. Primeira, a imagem de Deus, no casal, deve ser resgatada e propagada pela criação de filhos no temor do Senhor (Gênesis 1:28; Efésios 6:4). Segunda, essa imagem deve ser protegida ANTES e DEPOIS do casamento.

Enquanto o jardim do amor matrimonial cresce, expande-se de dentro para fora. Um aspecto importante da imagem divina no casamento é que almas novas são criadas como fruto do amor entre marido e esposa. O casamento é como uma árvore no centro do jardim, cujo fruto enche o jardim com mais e mais vida.

Já vimos que Deus criou a família para ESPELHAR a glória da Sua imagem (Gênesis 1:27). Logo depois desse texto, porém, encontramos um segundo propósito divino para a família: ESPALHAR a imagem de Deus até encher toda a terra com reflexos dele — adoradores "em espírito e em verdade" mantendo comunhão com Ele.

Pequenas árvores precisam ser cultivadas e cuidadas. Por isso, principalmente depois da queda, Deus entregou ao homem a responsabilidade de, além de **proteger** a Sua imagem no relacionamento conjugal, **propagar** essa imagem por meio dos filhos.

Propagando a imagem de Deus nos filhos

Leia Gênesis 5:1-3. Nesse texto, encontramos a progressão:

1. Adão e Eva foram criados à imagem de Deus.
2. Seus filhos foram criados à imagem dos pais e de Deus.
3. Nossos filhos são feitos à nossa imagem e à imagem de Deus.

1. Em que sentido os filhos refletem a imagem dos pais?

_____
_____

Muitas vezes, os filhos representam genética, física e emocionalmente as características de seus pais. O desafio dos pais será o de esculpir a imagem de CRISTO na vida de seus filhos. Que privilégio e responsabilidade temos na criação de nossos filhos! Como seres humanos, temos a capacidade de procriar, ou seja, gerar novas almas viventes à imagem de Deus.

2. Leia Gênesis 1:28. Note o "impulso missionário" de Deus, expresso tão cedo na Bíblia. Por que Deus quis que Sua imagem (1:27) fosse multiplicada e espalhada pela terra?

_____
_____
_____

Deus criou o homem e a família para terem comunhão com Ele, num relacionamento de eterno louvor e glória. Ele queria que o mundo inteiro se enchesse com lembranças dele, para a Sua eterna glória e para o eterno bem do homem.

3. Leia Salmo 127:3-5. Hoje, muitos se referem a ter filhos como um acidente ou, pior que isso, uma "praga". Por quê? Qual a perspectiva de Deus sobre gerar filhos?

_____
_____
_____

Deus ama filhos! Ele os vê como bênção, e não como maldição. Esse é o testemunho unânime das Escrituras e nos leva a questionar atitudes e perspectivas negativas quanto à criação de filhos. Se o propósito de Deus para a família era espalhar Sua glória na terra — um propósito missionário —, fica fácil entender por que Satanás entraria com a sua "antimissão", ou seja, planos para que famílias cristãs NÃO se espalhassem pela terra.

4. Salmo 127:3-5 fala sobre a bênção de ter filhos, de ter uma "aljava cheia" deles. Ninguém sabe quantas flechas cabiam numa aljava, mas o que é certo, hoje, é que poucos querem uma casa cheia de crianças. Que fatores LEGÍTIMOS E BÍBLICOS ajudam o casal a decidir quanto ao número de filhos que terão?

_____
_____

A sabedoria bíblica exige que o casal avalie bem essa questão. Os pais devem estar atentos para que os ídolos — o próprio tempo, os bens, dinheiro e silêncio — não influenciem na decisão de ter ou não filhos ou de quantos filhos ter. Que os pais não sejam egoístas! Precisam buscar a vontade de Deus, avaliar as circunstâncias e consultar quem os possa ajudar na decisão. A propagação da imagem de Deus é muito mais do que a procriação biológica. Depois da queda, a imagem de Deus foi ofuscada. Sim, as crianças nascem como imagem de Deus e imagem dos pais; mas têm a estultícia ligada ao coração (Provérbios 22:15). A tarefa principal dos pais hoje é resgatar a imagem de Deus, levando seus filhos até a cruz de Cristo e discipulando-os para serem conformes à imagem de Jesus. Neste processo há duas palavras-chave, as quais serão estudadas mais tarde nesta série:

1. Discipulado.
2. Disciplina.

Protegendo a imagem de Deus nos filhos

Estamos numa guerra espiritual. Nela, somos bombardeados todos os dias na área da sexualidade. Os pais têm a grande responsabilidade de pregar, desde o berço, o evangelho aos seus filhos. Não somente isso: eles têm a missão de, pela graça de Deus, resgatar a imagem de Cristo nos filhos. Têm, ainda, a responsabilidade de preparar seus filhos para essa guerra espiritual. Certamente, o exemplo de pureza sexual que os filhos encontram em seus pais falará mais alto que suas palavras. Mas eles precisam falar!

Voltemos ao texto de Gênesis 2:24. Repare, outra vez, na ordem divina para o relacionamento conjugal: *eles serão uma só carne* vem DEPOIS de *deixará seu pai e sua mãe*, e depois de *se unirá à sua mulher*. Infelizmente, o mundo inverte essa ordem. E essa é mais uma evidência da atuação maligna na tentativa de sujar a imagem de Deus.

5. Que fatores em nossa cultura militam contra a pureza sexual antes e depois do casamento?

É interessante notar que, no livro de Provérbios, o autor clama repetidas vezes que seu filho adquira a sabedoria bíblica. O "exame final" da escola de sabedoria acontece diante do assédio que o jovem experimenta das artimanhas diabólicas preparadas para convencê-lo de que o que mais importa é o "aqui e agora". Três capítulos de Provérbios (5, 6 e 7) destacam esse tema.

6. Leia Provérbios 4:23. O que deve ser feito com o coração?

(?) Agora **leia Provérbios 23:26.** Qual o apelo que o pai faz ao filho?

_____
_____
_____

A imagem de Cristo resgatada em nossos filhos precisa ser mantida limpa. Os pais têm grande parte nisso. Pelo **exemplo**, pelo **ensino** e pelo **envolvimento ativo** nos relacionamentos de seus filhos, os pais participam da purificação e da preparação para o casamento.

O coração precisa ser guardado (protegido) como a parte mais importante da nossa vida. O coração representa a essência do nosso ser, o "verdadeiro eu", o centro de controle dos nossos pensamentos, emoções, ações e vontade. Os pais precisam fazer sua parte ao instruir o filho, mas o filho também precisa tomar a decisão de confiar seu coração ao Senhor (Provérbios 3:5,6) e aos pais (Provérbios 23:26).

7. Por que tantos pais nunca recebem (e não guardam) o coração de seus filhos?

_____
_____
_____

Infelizmente, muitos pais dão pouco ou nenhum valor ao preparo de seus filhos para o casamento. Podemos apontar vários fatores que têm inibido esse relacionamento mútuo na educação sexual dos filhos.

Em primeiro lugar, alguns pais não estabelecem esse padrão — confiança e proximidade — desde cedo na vida dos seus filhos. Em segundo lugar, alguns simplesmente não querem aceitar a grande responsabilidade de ser guardiões do coração dos filhos. Em terceiro lugar, esse conceito é contracultural hoje. Tudo em nossos dias ensina que o filho é dono do próprio nariz. Finalmente, a tendência natural do filho, que nasce com insensatez em seu coração (Provérbios 22:15), será a de resistir a esse padrão se os pais não persistirem em apresentá-lo a ele.

8. Leia 1Tessalonicenses 4:3-8, que fala da santificação moral, que é a vontade de Deus para todos nós. Como os pais poderiam ajudar seus filhos a manterem um padrão que parece tão "careta" hoje?

_____
_____
_____

Para mais ideias práticas, veja o artigo "Amizades e casamentos saudáveis", apresentado no final desta lição.

Conclusão

Certamente uma sociedade hostil, que gera leis contra o princípio básico na educação dos filhos pelos pais; a pressão de colegas, da mídia, da escola e da internet; a apatia na igreja; e o padrão baixo de moralidade são alguns dos fatores que desafiam os pais da nossa geração. Por isso, precisamos clamar constantemente a Deus pelos pais, pelos filhos, pela igreja e por seus líderes, os quais foram chamados por Deus para equipar famílias nessa missão de resgate. Pela graça de Deus, a família pode espelhar e espalhar a glória divina até os confins da terra.

INSPECIONANDO A CONSTRUÇÃO

Leia o artigo "Amizades e casamentos saudáveis" (p. 103).

Se vocês fossem fazer um "pacto de namoro" com seus filhos para ajudá-los a se manterem puros até o casamento, que elementos incluiriam nesse pacto? Talvez vocês queiram consultar estes textos bíblicos:

- 2Coríntios 6:14.
- Mateus 6:33.
- Efésios 6:1-3.
- Hebreus 13:4.
- 1Tessalonicenses 4:3-8.

(?) Se vocês ainda têm filhos em casa, procurem colocar no papel pelo menos três objetivos específicos para o desenvolvimento espiritual deles.

_____
_____
_____

(?) Se seus filhos já são adultos, anote num papel três conselhos para incentivar os que ainda têm filhos em casa.

_____
_____
_____

(?) Se vocês ainda pretendem ter filhos, como gostariam que fosse o treinamento espiritual deles?

_____
_____
_____

ACABAMENTO

1. Leia os textos a seguir. O que há em comum entre eles? O que eles dizem a respeito da propagação da imagem de Deus nos filhos? — Deuteronômio 6:4-9; Salmo 78:1-8; Efésios 6:4; Colossenses 3:21.

_____
_____
_____

2. Provérbios 5 mostra como um pai se preocupa com a proteção do coração do seu filho. Procure enumerar as "paredes de proteção" nesse texto, erguidas pelo pai para guardar o coração de seu filho.

_____
_____

AMIZADES E CASAMENTOS SAUDÁVEIS

Escolinha de futebol, aulas de piano, de judô, de balé, cursos de inglês, de informática, cursinho... O roteiro exaustivo de atividades e aulas pode deixar tanto os pais como os filhos tontos. Vale a pena todo esse sacrifício?

Claro que sim. Entretanto, com todos esses preparativos para um futuro melhor, muitas vezes nos esquecemos do preparo que Deus valoriza mais do que todos os outros: a santidade refletida no casamento e o futuro lar dos filhos!

Uma das tarefas mais importantes dos pais, e o que certamente deve ser uma preocupação crescente entre os jovens, é o preparo para o casamento. Deus estabeleceu o matrimônio como a primeira instituição na sociedade (Gênesis 2:24). Especialmente nestes *últimos dias* (2Timóteo 3:1-5), os ataques estratégicos de Satanás, que sabe que seus dias são limitados (Apocalipse 12:12), são sempre direcionados para o lar. Isso acontece porque o lar cristão foi feito para refletir a imagem de Deus resgatada pela cruz de Cristo: homem e mulher, "dois em um", refletindo a Trindade (Gênesis 1:27) e o amor entre Cristo e a igreja (Efésios 5:32). Satanás odeia a imagem de Deus e tenta destruí-la onde, quando e como pode, a começar pelo lar.

Como somos ingênuos! Como temos permitido que o inimigo nos engane! Deixamos que jovens cheguem ao altar matrimonial como cordeiros diante do matadouro — sem preparo, sem ideia do que os espera, sem planos para resistirem ao inimigo. Às vezes, no ministério de aconselhamento pré-nupcial, encontramos casais que são uma exceção à regra: bem equipados, bem preparados, prontos para formarem lares felizes e casamentos duradouros, com foco na glória de Deus. Esses casais foram bem orientados por seus pais e pela igreja e realmente se prepararam para o casamento. A seguir, damos algumas sugestões que, por certo, pais e jovens que têm alcançado êxito no casamento tiveram o cuidado de pôr em prática. Não há nada de sagrado nessa lista; mas talvez uma ou outra sugestão sirva para fortalecer um futuro casamento.

1. **Estabelecer um "pacto de namoro".** O ideal é que seja um acordo entre pais e filhos; mas o jovem pode firmar uma "aliança" entre ele e Deus, somente. O pacto deve incluir padrões de namoro, tipo de envolvimento esperado entre qualquer namorado e os pais, e como o relacionamento deve caminhar em direção ao casamento.

2. **Permitir que os pais sejam os "guardiões" do seu coração.** Provérbios 4:23 e 23:26 falam da importância do coração e da necessidade de guardá-lo puro. Deus designou os pais como protetores do coração de seus filhos. O "palpite" deles em questões afetivas tem MUITO a ver com a estabilidade de um futuro lar. Conversas abertas e francas, pedidos de conselho, honra e respeito da parte dos jovens são importantes no estabelecimento de relacionamentos sólidos no futuro.

    Pais que amam seus filhos envolvem-se em suas amizades, em seu namoro e na pureza do seu coração. Símbolos de pureza moral podem ajudar os filhos a se manterem puros em seu relacionamento com o sexo oposto. Uma boa ideia é que os pais deem à sua filha um pequeno coração dourado para que seja usado no pescoço, pendurado num cordão, enquanto os pais guardam a chave que "destranca" aquele coração. O coração serve como lembrança contínua para a jovem de que seus pais guardam a chave do coração dela até o dia do casamento. Um anel pode ter a mesma função na vida de um rapaz.

    Parte fundamental desse "vigiar" o coração dos filhos pelos pais inclui o exemplo de pureza moral que eles deixam, especialmente nos hábitos de entretenimento — filmes, programas de TV, revistas, internet etc. (v. Salmos 101). As ações dos pais falam mais alto do que suas palavras.

3. **Confiar na opinião da sua família e de amigos chegados.** Provérbios nos faz lembrar que há segurança na multidão de conselheiros sábios — pessoas que nos conhecem, mas também conhecem Deus e são orientadas pela Palavra dEle (Provérbios 11:14; 15:22; 24:6). Infelizmente, muitos jovens ignoram o conselho de seus amigos, irmãos e irmãs, justamente as pessoas que

melhor os conhecem. Tragédias no casamento são, muitas vezes, o resultado da falta de conselhos.

4. **Procurar o acompanhamento de um casal mais maduro.** Há algum tempo, nossa igreja percebeu a grande carência de acompanhamento de jovens em seus namoros e noivados. Desenvolveu um plano para jovens namorados com mais de 18 anos. Esses jovens são encorajados a procurar um casal da igreja, cujo casamento seja firme e feliz, para serem os conselheiros em seu namoro. O casal, mesmo com suas imperfeições, espelha o que um casamento pode ser e apresenta sugestões práticas para ajudar os jovens. Muitos usam as lições deste material como currículo pré-nupcial.

5. **Procurar um "estágio dos interessados".** O "estágio" nada mais é do que o tempo investido por cada pessoa na casa e junto com a família do outro. O propósito é conhecer tão de perto quanto possível os gostos, as tradições e os maneirismos da outra família. Esse "discipulado" pelos sogros também facilitará muito a adaptação ao futuro casamento.

6. **Fazer um aconselhamento pré-nupcial.** Durante vários anos, temos encorajado jovens a participarem de uma série de encontros informais e informativos durante alguns meses antes do casamento. Aconselhamento pré-nupcial serve como "medicina preventiva". O casal que quer levar a sério o seu futuro lar deve procurar esse tipo de acompanhamento antes do casamento. Tópicos a serem abordados incluem: comunicação, finanças, relacionamento com os sogros, criação de filhos, papéis de marido e esposa, sexualidade e outros aspectos do casamento. Mais uma vez, sugerimos que os estudos desta série — *Construindo um lar cristão* — e especialmente este material sirvam como guia.

Não importa quantas dessas ideias (ou outras) um casal colocará em prática. O que importa é que haja alguma preparação para o relacionamento conjugal, tão significativo no plano de Deus e em nossa vida.

LIÇÃO 8

Espalhando o reino de Deus: a família como centro da expansão do reino

> **Princípio de construção**
>
> *A família deve ser um centro de missões, e não um campo missionário.*

- **Objetivos do estudo**

Como resultado deste estudo, os membros do grupo devem ser capazes de:

- Conhecer, desde o seu início, o plano maravilhoso de Deus de usar a família como centro missionário para alcançar o mundo.
- Refletir sobre seu envolvimento como casal e família na seara do Senhor.
- Encarar os ministérios marido—esposa, pai—filho e família—mundo com seriedade e criatividade.

Terraplenagem

Raízes

- **Material necessário:** Canetas, cópias do material elaborado, prêmios.

- **Procedimento:** De antemão, pesquise entre os membros do grupo e prepare uma lista de itens que descrevam as "raízes" deles, como no exemplo:

  - Na sua genealogia, há um escritor.
  - Sua família chegou ao Brasil antes de 1820.
  - Seu avô participou da Segunda Guerra Mundial.
  - Tem parentes na Espanha.
  - Seu bisavô era pastor.

Ao elaborar o material para o seu grupo, procure descobrir dados interessantes sobre as "raízes" de cada pessoa. Selecione, se possível, dados que sejam desconhecidos dos demais participantes. Distribua as folhas e peça que colham o maior número possível de assinaturas, identificando as pessoas que preenchem as características enumeradas. Dê um prazo e, a seguir, confira as respostas em grupo. Entregue um prêmio a quem colher o maior número de assinaturas corretas.

Firmando Alicerces

Conforme a tarefa da última lição, compartilhe alguns elementos que você incluiria em seu "pacto de namoro" com seus filhos. Discuta a razão por trás da inclusão de cada item.

Erguendo Paredes

Já descobrimos dois grandes propósitos que Deus tem para a família: espelhar a imagem de Deus (Gênesis 1:27) e espalhar o reino de Deus (Gênesis 1:28a).

O plano de Deus para o mundo sempre incluiu a família. Foi uma família, representada pelo senhor Adão e por dona Eva, que Deus colocou no jardim do Éden. Foi por intermédio de um homem e sua família — Noé — que Deus salvou o mundo e recomeçou a raça humana. Foi a um homem e sua família — Abraão — que Deus prometeu abençoar todas as famílias do mundo. E, quando Deus enviou Jesus, colocou-o numa família para ser criado e cuidado por ela.

Não nos deve surpreender o fato de Deus ter usado a família para alcançar o mundo. Infelizmente, para muitos, a família de hoje não passa de uma conveniência (ou, cada vez mais, uma inconveniência). Para outros, a família é obsoleta, uma relíquia da Antiguidade.

A família, entretanto, continua como instrumento nas mãos de Deus para alcançar o mundo. Por isso, a família cristã deve ser sempre um centro de missões (para o envio de missionários), nunca um campo missionário (que precise ser evangelizado)!

A família não compete com a igreja, mas complementa a igreja: **"Famílias fortes significam igrejas fortes; famílias fracas significam igrejas fracas"**.

1. **Leia Gênesis 1:28.** Qual o mandato que Deus entregou ao primeiro casal e, consequentemente, entrega a todos nós?

   _____
   _____
   _____
   _____

2. Infelizmente, depois da queda, o pecado multiplicou-se mais rapidamente do que os homens, a ponto de Deus precisar limpar a terra pelo dilúvio (Gênesis 6). **Leia Gênesis 9:1,7.** A ordem que tinha sido dada por Deus mudou depois do dilúvio? Por que não?

   _____
   _____
   _____

3. Leia Gênesis 12:1-3. Qual a ordem dada por Deus a Abrão? Qual foi a promessa entregue a Abrão?

_____

_____

_____

Mateus 1:1 mostra que Jesus Cristo veio na linhagem de Abraão, como cumprimento final da promessa: *... e todas as famílias da terra serão abençoadas por meio de ti* (Gênesis 12:3). É importante ressaltar que, mais uma vez, Deus escolheu um homem e sua família para alcançar o mundo.

Não adianta tentar ganhar o mundo inteiro e perder a própria família! Quando seguimos a sequência bíblica, descobrimos que, no plano de Deus, a primeira "mira missionária" está na nossa sala de estar, mas estende-se até os confins da terra. Podemos destacar três círculos concêntricos de ministério familiar simultâneo:

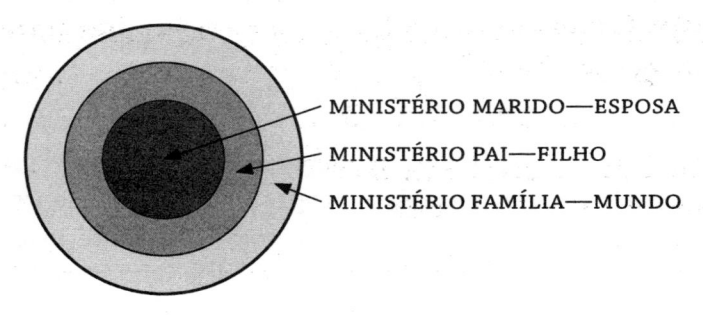

- MINISTÉRIO MARIDO—ESPOSA
- MINISTÉRIO PAI—FILHO
- MINISTÉRIO FAMÍLIA—MUNDO

O ministério marido—esposa

4. Leia Gênesis 2:15,18. Repare que a declaração de Deus *Não é bom que o homem esteja só* está incluída no contexto da tarefa de "cultivar e guardar" o jardim. O homem, por si só, era incapaz de realizar tudo o que Deus havia planejado para ele, e isso antes da queda! Conforme Gênesis 2:18, por que Deus criou a mulher?

_____

_____

_____

O homem estava só, ou seja, sem companheira igual a ele, que pudesse ajudá-lo na tarefa que lhe fora dada por Deus: guardar e cultivar o jardim do Éden, multiplicar-se e encher a terra.

Pelo fato de a mulher ter sido criada para ser "auxiliadora idônea", ou seja, um complemento ideal para o homem, podemos entender que o homem também é complemento ideal da mulher. Em outras palavras, o primeiro ministério dado ao casal foi o de "auxiliar um ao outro na expansão do reino de Deus".

Deus ainda chama o casal para ministrar um ao outro prioritariamente, não como um fim em si mesmo, mas visando a um impacto maior para o reino de Deus.

5. Leia Efésios 5:22-33. Faça um resumo das responsabilidades da esposa e do marido no ministério de um para com o outro (podem também consultar Colossenses 3:18,19; Provérbios 31:10-31; 1Pedro 3:1-7).

_____
_____
_____

O ministério pai—filho

Já estudamos a importância da propagação da imagem de Deus nos filhos (Gênesis 1:28). Essa é a segunda esfera de ministério do casal. Para os pais serem mais eficazes no ministério para com os filhos, precisam estar bem entre si. O ministério de auxílio mútuo também tem como propósito resgatar as pequenas imagens de Deus que Ele coloca em nossos lares.

6. Leia Salmo 78:3-8. Quais os resultados de pais que transmitem a sua fé à próxima geração?

_____
_____
_____

7. Em que consiste o ministério pai—filho? (Baseie sua resposta em Efésios 6:4; Provérbios 22:6.)

O ministério família—mundo

Alguns pais podem até se sair bem nos primeiros dois círculos de ministério que Deus lhes deu — o ministério marido—esposa e o ministério pai—filho. Mas o propósito de Deus é maior que isso. Desde o princípio, os olhos dele encararam os confins da terra. A pergunta é: será que nossa família está cumprindo o propósito global de Deus?

A terceira esfera do ministério familiar abrange o mundo. Acontece simultaneamente com as primeiras duas e é autorizada e autenticada por elas. A família pode e deve ser uma base para alcançar o mundo, mas não a custo dos ministérios marido—esposa e pai—filho.

8. Quais algumas das maneiras práticas e criativas pelas quais a SUA família pode se envolver na grande seara do Senhor? Procure fazer uma lista tão abrangente quanto possível.

Conclusão

É na família que as pessoas que estão ao nosso redor — parentes, vizinhos, colegas — vão descobrir se a nossa fé "funciona". Deus pode e quer usar a família para ganhar não somente os que estão perto de nós, mas os que estão nos "confins da terra" também.

INSPECIONANDO A CONSTRUÇÃO

Leia o artigo "Famílias que alcançam o mundo" (p. 113).

Compartilhe com o grupo qual tem sido o seu desempenho nos três círculos de ministério familiar (marido—esposa; pai—filho; família—mundo).

Dentre as muitas possibilidades para sua família ter um envolvimento na seara do Senhor, quais são as duas que mais se destacam no seu ministério atual, ou aquelas que vocês desejam fixar como alvo a ser alcançado? Compartilhem esses objetivos com o grupo no próximo encontro.

_____
_____
_____

ACABAMENTO

Leia o Salmo 67 e responda a estas perguntas:

1. Por que o salmista clamava pela bênção do Senhor?

_____
_____
_____

2. Afinal de contas, por que Deus nos abençoa?

_____
_____
_____

3. Quantas vezes o salmista se refere às nações (o propósito global de Deus) nesses versículos?

_____
_____
_____

4. Até que ponto esse salmo descreve sua família e quais os motivos pelos quais você tem sido levado a rogar a bênção do Senhor sobre vocês?

_____
_____

FAMÍLIAS QUE ALCANÇAM O MUNDO

Como já vimos, os primeiros grandes propósitos de Deus para a família são simplesmente "**espelhar a imagem de Deus**" e "**espalhar o reino de Deus**".

Esse segundo grande propósito de Deus torna a família um "centro de missões" (e não um campo missionário!). Infelizmente, muitas pessoas não têm esta perspectiva exaltada: a importância da família no plano de Deus. Para algumas pessoas, a família não passa de uma conveniência: alguém lava minha roupa, prepara meu almoço, divide as despesas comigo, conserta a pia e dorme ao meu lado. Para outras, a família já não é uma conveniência, mas uma aflição a ser suportada. É preciso "coragem" para criar os filhos, aguentar o marido que não presta e a esposa que só incomoda. Até alguns ministros encaram a família como um empecilho que frustra sua realização na "obra do Senhor".

No entanto, a família é muito mais do que isso. A família é nosso maior recurso natural para alcançar o mundo. A família existe para produzir uma herança piedosa na terra e já é um meio ideal para evangelizar e discipular o mundo. E sempre foi assim. Desde Adão e Eva, Deus usou famílias para alcançar o mundo. Como já vimos, o primeiro casal recebeu a "comissão" de encher a terra com novas imagens para a glória de Deus. Anos depois da queda, Noé recebeu exatamente a mesma ordem (Gênesis 9:1). Abraão, o "pai de muitas nações", foi escolhido para que sua família fosse uma bênção que trouxesse salvação às nações (Gênesis 12:1-3). E o próprio Senhor Jesus veio à terra morar em família.

Com seu potencial incrível de alcançar pessoas, a família torna-se um centro de ministérios que visam a alcançar o mundo:

1. O ministério da família começa com o ministério entre o marido e a esposa (Gênesis 2:15-24). Antes de ministrar ao o mundo, o casal é chamado a ministrar um ao outro. Em Gênesis, lemos que, quando Deus criou o homem, este era incapaz de realizar todo o plano divino para a sua vida — *Não é bom* *que o homem esteja só* (Gênesis 2:18). Deus criou a mulher justamente para completar o que faltava no homem, e vice-versa. O ministério marido—esposa e esposa—marido acontece pelo fato de Deus ter criado a mulher como "auxiliadora idônea" do homem.

Em vez de competir, o casal deve completar um ao outro. Em vez de tentar criar o cônjuge à nossa imagem, devemos apreciar as diferenças entre nós. Em vez de diminuir as diferenças entre os sexos (quanto à vestimenta, o "jeitão" de ser), devemos valorizá-las. Cada casal deve estabelecer a prioridade de ministrar um ao outro, conforme o plano original de Deus e de maneira coerente com os papéis esboçados pelo apóstolo Paulo em Efésios 5:22-33. O ministério de alcançar o mundo começa no lar, com o ministério marido—esposa.

2. **O ministério da família estende-se para o discipulado dos filhos.** Quase todos os textos na Palavra de Deus que falam do relacionamento pais—filhos destacam a importância de discipular os filhos (Deuteronômio 6:4-9; Salmos 78:1-8; Provérbios 22:6; Efésios 6:4). Deus criou a família para encher a terra com pessoas tementes a Deus. A queda dificultou, mas não anulou, a comissão entregue ao homem. O lar cristão deve ser o centro de evangelismo e discipulado dos filhos. Infelizmente, muitos pais hoje se preocupam com tudo, menos com seu ministério como líderes espirituais do lar. Trabalham duro para pôr pão na mesa e roupas de grife nas costas. Procuram as melhores escolas. Correm para lá e para cá para providenciar para os filhos as aulas de piano, de dança, de inglês, mas falham no discipulado, que acontece pela convivência, pelo exemplo, pelo ensino formal e informal (Deuteronômio 6:4-9).

Paulo deixa claro que os pais que sabem "pastorear" os próprios filhos são qualificados para liderar a igreja (1Timóteo 3:4,12). O discipulado de nossos filhos nos autoriza a ministrar ao mundo.

3. O ministério da família visa alcançar o mundo. Assim como a família sempre foi usada por Deus para executar Seu plano na terra, ela continua sendo o grande "centro de missões". A família não toma o lugar da igreja, que é a "família de Deus", e vice-versa. A família e a igreja trabalham juntas para atingir os objetivos de Deus na terra. Famílias fortes realmente produzem igrejas fortes. Como a família pode fazer sua parte para alcançar o mundo?

- **Primeiro**, a família prepara filhos para alcançarem o mundo. O preparo dessas *flechas* que Deus coloca *na mão de um guerreiro* (Salmos 127:4) visa a afiá-las e lançá-las para penetrar o coração do mundo.

- **Segundo**, o exemplo da família chama a atenção do mundo. Nestes dias de caos familiar, uma família razoavelmente feliz e estruturada chama muito a atenção. "Por que sua família é diferente?" é uma pergunta que abre a porta para o evangelho (1Pedro 3:15).

- **Terceiro**, a própria família pode alcançar o mundo se todos os seus membros ministrarem juntos, contribuindo para a obra do Senhor, apoiando a igreja local, fazendo viagens missionárias, desenvolvendo projetos especiais, sustentando missionários, orando pelo mundo, hospedando obreiros e muito mais. Não há limites para o que pode ser feito por intermédio da família!

Deus ainda quer nos dar um reavivamento espiritual. Para isso acontecer, porém, a família terá de voltar às suas raízes e redescobrir a sua razão de existir: espelhar a imagem de Deus e espalhar o reino de Deus.

PARTE III

MATERIAIS de CONSTRUÇÃO

Crescimento conjugal

LIÇÃO 9

Aliança conjugal: união indissolúvel

> Princípio de construção
> Deus define o casamento em termos de aliança, um voto sério e irrevogável assumido diante dele.

■ Objetivos do estudo

Como resultado deste estudo, os membros do grupo devem ser capazes de:

- Reconhecer a seriedade dos votos matrimoniais diante de Deus.
- Relembrar os próprios votos e, pela graça de Deus, renovar a disposição em cumpri-los.
- Fortalecer sua aliança conjugal e seu compromisso com os laços matrimoniais.

Sugestão:

Alguns casais membros do grupo talvez queiram providenciar o DVD ou fita de vídeo de sua cerimônia de casamento, mostrando a troca de votos, como ilustração da ideia central da lição.

Terraplenagem

Se...

- **Material necessário:** Canetas e cópias do material elaborado.

- Procedimento: Prepare um questionário contendo perguntas cujas respostas podem colocar em evidência as diferenças de opinião entre os integrantes do grupo.

  - Se... você pudesse entrar num túnel do tempo, em que época escolheria viver?
  - Se... você pudesse morar em outra parte do mundo, para onde gostaria de ir?
  - Se... você ganhasse um milhão de dólares, como gastaria essa quantia?
  - Se... você pudesse mudar alguma coisa em você, o que mudaria?
  - Se... você pudesse mudar alguma coisa em sua igreja (ou escola, curso etc.), o que mudaria?
  - Se... você pudesse ser outra pessoa, quem escolheria ser?
  - Se... você pudesse ter resposta para uma questão difícil, que questão e que resposta escolheria?

  Reúna o grupo, apresente algumas das questões, uma a uma, e dê oportunidade a todos para expressarem sua opinião e justificarem suas escolhas.

FIRMANDO ALICERCES

Compartilhe com o grupo os objetivos para o envolvimento familiar em missões, estabelecidos por vocês no cumprimento da tarefa da lição anterior. Ore, com o grupo, pedindo que Deus abençoe esses alvos e use a família de cada membro do grupo para cumprir Seus objetivos globais.

ERGUENDO PAREDES

Como Deus define o matrimônio? Quais os "ingredientes" essenciais para constituir um casamento? Pelo menos dois temas se repetem nas Escrituras. O primeiro define o casamento, ao passo que o segundo descreve o ideal do matrimônio no plano de Deus:

1. Aliança.
2. Amizade.

As próximas lições focalizarão esses dois elementos fundamentais no casamento.

Aliança conjugal

Hoje, encontramos muita confusão sobre o que constitui um casamento. Uma cerimônia religiosa? Uma cerimônia civil? A união "estável" durante alguns anos? Uma relação sexual? Uma gravidez? É necessário ter testemunhas? Deixar a casa dos pais?

A definição bíblica do que é um casamento legítimo aos olhos de Deus nos ajudará muito na defesa dessa instituição divina diante de uma sociedade pervertida. Será também de grande utilidade pessoal enquanto procuramos, pela graça de Deus, ser fiéis ao que Deus realmente juntou.

O testemunho das Escrituras é unânime: o casamento bíblico baseia-se em uma aliança, ou seja, em um compromisso assumido diante de Deus e dos homens, entre duas pessoas do sexo oposto, visando à fidelidade mútua até que a morte as separe.

1. Que sinônimos chegam à sua mente quando você ouve a palavra "aliança"?

_____

_____

_____

Vivemos numa sociedade descompromissada, relativista, egoísta e "pós-moderna", em que o EU e os MEUS desejos tomam o primeiro lugar. Talvez por isso é que vemos a banalização dos votos matrimoniais, que exigem exclusividade, fidelidade e intimidade até que a morte nos separe (Gênesis 2:24; Mateus 19:6; Romanos 7:2,3).

2. Por que essa ideia de compromisso sério e irrevogável é tão rara hoje?

_____

_____

3. Leia Provérbios 2:16,17. Compare com Malaquias 2:13-16. Nesses textos, qual a queixa que Deus tem contra os cônjuges?

_____
_____
_____

À luz desses textos, é importante ressaltar que a aliança tem duas dimensões:

1. **Diante de Deus** — *a aliança que fez com seu Deus* (Provérbios 2:17).
2. **Com o cônjuge** — *Porque o* SENHOR *tem sido testemunha* ENTRE TI E A ESPOSA QUE TENS *desde a juventude* [...] *da tua aliança matrimonial* (Malaquias 2:14).

Infelizmente, em ambas as passagens, alguém feriu a aliança assumida diante de Deus e com o cônjuge, o "amigo íntimo".

4. Qual a importância de testemunhas no casamento?

_____
_____
_____

Nos casamentos tradicionais, sejam feitos em cerimônias civis ou religiosas, exige-se a presença de testemunhas.

As testemunhas provam e confirmam o pacto feito entre o casal e diante de Deus. Eventualmente, podem (devem) dar apoio e encorajamento ao casal quando passa por dificuldades. Devemos resgatar, nos casamentos, esse significado de padrinhos — são pessoas que presenciaram os votos conjugais e devem fazer uma cobrança quanto à fidelidade a eles!

Leia 1Coríntios 6:15-17. Alguns interpretam esses versículos como se o casamento fosse constituído unicamente de uma relação sexual. Entretanto, no contexto, Paulo está argumentando o contrário. É incoerente para o cristão unir-se fisicamente à prostituta, com quem não tem aliança, consumando assim um relacionamento que é exclusivo ao casamento. Em outras palavras, isso é uma aberração contra o plano de Deus e Sua ordem para o casamento. Não é um "casamento". A fornicação constitui uma união falsa, porque não é acompanhada dos votos conjugais.

5. Leia Eclesiastes 5:1-7. Com que seriedade Deus encara os votos assumidos diante dele e quais as implicações que se podem encontrar nos votos matrimoniais?

_____
_____
_____

6. Depois de ler os versículos bíblicos ao lado de cada frase, analise a definição de casamento bíblico e responda: Você concorda? Nessa definição falta algum elemento? De que maneira a sociedade contemporânea tem minado essa definição e promovido conceitos contrários à vontade de Deus?

_____
_____
_____

Definição de casamento segundo a Bíblia

Segundo a Bíblia, casamento **é uma aliança** (Provérbios 2:17; Malaquias 2:14; Gênesis 2:24):

- de exclusividade e fidelidade (Gênesis 2:24);
- vitalícia (Mateus 19:6);
- entre um homem e uma mulher (Gênesis 2:24; 1Timóteo 3:2,12; 5:9; Tito 1:6);
- selado diante de Deus (Provérbios 2:17; Malaquias 2:14) e de testemunhas;
- coerente com as leis comunitárias (1Pedro 2:13ss; Romanos 13:1ss);
- simbolizado e concretizado pela união sexual (Gênesis 2:24; Hebreus 13:4).

7. Como grupo, leiam as "Dez sugestões para fortalecer a aliança conjugal" apresentadas a seguir. Compartilhem: Quais dessas sugestões vocês já têm colocado em prática? Quais delas parecem interessantes? Escolham uma como projeto para a semana.

_____
_____
_____

Dez sugestões para fortalecer a aliança conjugal

1. Repetir, anualmente, seus votos de casamento.
2. Convidar o pastor que fez seu aconselhamento pré-nupcial e/ou a cerimônia do seu casamento para uma refeição em sua casa.
3. Olhar (ou escutar) juntos o vídeo (DVD/filme/álbum) do seu casamento.
4. Concordar em nunca cogitar o divórcio, brincar ou ameaçar divorciar-se em suas discussões.
5. Celebrar seu aniversário de casamento.
6. Preservar seus votos de casamento de forma criativa (um bordado em ponto de cruz, a moldura de um quadro) e pendurá-los em casa.
7. Afirmar seu amor incondicional — "Eu o (a) amo" —, sem qualificações ("porque você é lindo (a) demais" e outras).
8. Estudar, os dois juntos, textos bíblicos que falam da importância de cumprir votos e compromissos assumidos diante de Deus (Eclesiastes 5:1-7; Salmos 15:4; Provérbios 20:25; Levítico 27; Mateus 5:33-37).
9. Assistir a cerimônias de casamento como casal e, depois delas, conversar sobre a mensagem e os votos ouvidos.
10. Procurar ajuda se enfrentarem dificuldades no relacionamento conjugal.

Conclusão

Deus trata nossos votos com extrema seriedade. Prefere que não votemos a que assumamos, diante dele, compromissos levianos. Vivemos dias em que cada aspecto da definição bíblica do casamento é alvo de ataque. Diante de tudo o que já aprendemos, não devemos nos surpreender com o ódio com que Satanás encara a família, reflexo da glória de Deus.

Que Deus nos dê um casamento em que sejamos fiéis à aliança que assumimos diante dele e das testemunhas, até que a morte nos separe!

INSPECIONANDO A CONSTRUÇÃO

Revisar a lista "Dez sugestões para fortalecer a aliança conjugal".

Leia o "Resumo de conselhos pré e pós-matrimoniais" (p. 126).

Esta semana, procurem pôr em prática pelo menos uma ideia sugerida pela classe ou mencionada nesta lição para fortalecer a aliança conjugal. Estejam prontos para compartilhar com o grupo o que vocês fizeram.

Para a próxima reunião, façam uma cópia de seus votos matrimoniais (se vocês ainda os têm) e tragam-na para compartilhar com o grupo.

ACABAMENTO

(?) Que conselhos você daria a um jovem casal que está considerando a possibilidade de casamento (pense em termos de "palpites" para eles encararem a seriedade dessa aliança)?

Resumo de
CONSELHOS PRÉ E PÓS-MATRIMONIAIS[1]

À luz do que aprendemos sobre a definição bíblica do casamento, podemos resumir algumas implicações e aplicações práticas, tanto para um jovem casal que se dirige para o casamento quanto para um casal de "veteranos" desejosos de fortalecer seus laços conjugais. Servirão também como prévia de alguns assuntos a serem tratados mais detalhadamente nas lições seguintes.

O casamento é indissolúvel. Nada pode romper essa união. Portanto, é necessário fazer de tudo para não haver separação (Gênesis 2:24; Malaquias 2:14-16; Mateus 19:4-6; Efésios 5:31).

As prioridades no casamento são diferentes das prioridades na vida de solteiro. Assim, faz-se necessário avaliar todos os compromissos assumidos por um cônjuge sem que o outro seja envolvido (Deuteronômio 24:5; 1Coríntios 7:1-5,32-34; 1Timóteo 5:8).

Uma vez que o Senhor é nossa fonte de vida, é extremamente importante promover a vida devocional como casal, a oração em conjunto, a leitura conjunta da Bíblia e de livros e o compartilhar constante de hábitos essenciais para manter o casamento em sintonia com Deus (1Pedro 3:7).

Quanto à resolução dos conflitos, é de suma importância perdoar e pedir perdão quanto antes. A comunicação franca e branda é uma das bases de um bom relacionamento.

Isso exige tempo para falar e ouvir. Um dos cônjuges não deve apenas presumir o que o outro sabe ou está pensando ou sentindo. Os dois devem falar o que pensam e sentem sobre a situação (Efésios 4:26-32; Provérbios 15:1; 18:2).

O papel de cada cônjuge no casamento deve ser bem entendido, para que não haja problemas. O homem tem a tarefa de pastorear, liderar, cuidar, suprir e proteger sua esposa (1Pedro 3:7; Efésios 5:25-33; Gênesis 2:15; 3:17-19). A mulher tem a tarefa de

---

[1] Artigo preparado pelo professor Marcelo Dias, com pequenas adaptações. Usado com permissão.

administrar a casa, providenciar o necessário para um ambiente que supra as necessidades do marido e dos filhos, submetendo-se à liderança do marido e respeitando-o (1Pedro 3:1-6; Efésios 5:22-24,33; Provérbios 12:4; 31:10-30). O descumprimento da função de um não é motivo para outro descumprir sua função. Deus pedirá contas do cumprimento do papel de cada um.

Já que a Bíblia é nossa regra de fé e prática, é preciso ter e administrar biblicamente o dinheiro. O dinheiro que cada um ganha é provido pelo Senhor e deve ser compartilhado pelo casal. É dinheiro da família. O casal precisa administrá-lo pensando nas prioridades bíblicas e familiares. É importante que as decisões sejam tomadas em conjunto. Em caso de impasse, porém, o marido deve tomar a decisão final, lembrando que Deus pedirá contas de sua liderança.

É de suma importância que o casal tenha a mesma visão ministerial, apoiando um ao outro em prol do reino de Deus. O ministério de cada um é o ministério de ambos, ainda que em áreas um pouco diferentes (2Coríntios 6:14; Mateus 6:33).

O casal deve se tornar financeira e emocionalmente independente dos pais (Gênesis 2:24). Não devem mais obediência aos pais. Nunca, porém, devem deixar de honrá-los e cuidar deles, se eles não tiverem condições de fazê-lo sozinhos (Efésios 6:2,3; 1Timóteo 5:8). Uma sugestão importante é quanto ao trato com os sogros. É sempre melhor que o filho ou a filha — e não o genro ou a nora — trate com os pais a respeito de alguma tensão que surja. Os pais tendem a perdoar mais facilmente as ofensas dos filhos do que os aborrecimentos vindos de genros e noras.

O sexo foi criado para a satisfação do outro (1Coríntios 7:1-5). Assim, não se deve buscá-lo com o desejo de satisfação pessoal, e sim satisfação do cônjuge. É importante conversar abertamente sobre o assunto para que haja crescimento também nessa área.

LIÇÃO 10

Amizade conjugal: amigos para sempre

> PRINCÍPIO DE CONSTRUÇÃO
> *O ideal bíblico é que os cônjuges sejam os melhores amigos e desenvolvam sua intimidade num jugo igual.*

■ Objetivos do estudo

Como resultado deste estudo, os membros do grupo devem ser capazes de:

- Apreciar a graça de Deus ao idealizar o casamento entre melhores amigos.
- Reconhecer áreas em que seu relacionamento não tem refletido a intimidade, vulnerabilidade e o companheirismo que Deus quer no casamento.
- Desenvolver uma estratégia para melhorar a amizade conjugal.
- Reconhecer a importância da unidade de pensamento e propósito no casamento em prol do reino de Deus.

Sugestões:

1. Espera-se que o quebra-gelo "Rede" reflita os relacionamentos que Deus já desenvolveu em seu grupo no decorrer dos estudos. Louvem a Deus pelo que Ele tem feito entre vocês!

2. Um ou mais casais, de preferência com mais anos de casamento, poderão dar testemunho de como têm mantido sua amizade no decorrer dos anos.

TERRAPLENAGEM

Rede

- **MATERIAL NECESSÁRIO:** Um rolo de barbante.
- **PROCEDIMENTO:** Reúna o grupo em círculo e tenha em mãos um rolo de barbante. Escolha um dos participantes, de preferência do outro lado do círculo, ofereça-lhe uma palavra de encorajamento ou pedido de oração, e passe o rolo a ele, segurando a ponta do barbante. A pessoa que recebeu o rolo deve repetir o movimento, segurando o barbante e passando o rolo adiante, acompanhado de uma palavra de encorajamento ou pedido de oração. Os membros do grupo devem continuar a passar o rolo de barbante de pessoa em pessoa, de preferência para as que estão mais distantes. Verifique que o barbante esteja sempre bem esticado entre uma pessoa e outra. Quando todos tiverem participado, estará formada uma rede de relacionamentos.
- **VARIAÇÃO:** Em vez de dar uma palavra de encorajamento, cada pessoa pode compartilhar um pedido de oração. No final, cada pessoa faz uma breve oração pela pessoa da outra ponta do barbante.

FIRMANDO ALICERCES

1. Cada casal que puder deve compartilhar com o grupo seus votos conjugais.

2. Compartilhe o que vocês fizeram esta semana para fortalecer seu compromisso na aliança conjugal.

3. Compartilhe suas reações diante da leitura do artigo "Resumo de conselhos pré e pós-matrimoniais" (p. 126).

ERGUENDO PAREDES

Já descobrimos que Deus define o casamento em termos da aliança assumida pelo casal diante dele e das testemunhas. Se "aliança" define o casamento, "amizade" descreve o ideal divino para a vida a dois.

Para entendermos a beleza e a seriedade dessa amizade, precisamos compreender o ensino bíblico sobre a amizade e a intimidade. Devemos ser "amigos para sempre".

1. **Leia Provérbios 2:17 e Malaquias 2:14.** O que os dois textos revelam sobre amizade no casamento? Quais os termos usados para descrever essa amizade?

   _____
   _____
   _____

2. Qual o contexto de cada texto (qual a queixa que Deus tem em cada um)?

   _____
   _____

Em Provérbios, o contexto fala de traição, um casamento aparentemente precoce em que o jovem não conhecia de fato a moça. Em Malaquias, Deus levanta uma queixa contra o povo por causa dos divórcios.

O termo "amigo" usado em Provérbios 2:17 — *a qual deixa O AMIGO da sua mocidade* (ARA) — é muito forte e foi traduzido por "melhores" ou "maiores amigos" em outros textos (cf. Provérbios 16:28; 17:9). A ideia é de confiança e de intimidade total; duas pessoas completamente "à vontade" uma com a outra, que compartilham tudo o que têm e tudo o que são.

O termo "companheira" em Malaquias 2:14 — *embora ela fosse tua COMPANHEIRA e a mulher da tua aliança matrimonial* — retrata a amizade conjugal em termos de unidade, companheirismo e parceria entre pessoas iguais que contribuem mutuamente para o relacionamento. Os cônjuges são companheiros, passando lado a lado pela jornada matrimonial como coerdeiros da graça da vida (1Pedro 3:7) e prestando serviço mútuo ao reino de Deus. *Como se afia o ferro com outro ferro* (Provérbios 27:17), um cônjuge aperfeiçoa o caráter do outro.

3. Por que esse nível de intimidade, transparência e vulnerabilidade é tão raro no relacionamento a dois em nossos dias?

_____
_____
_____

Hoje, talvez mais do que nunca, as pessoas se protegem e se defendem. Entram no casamento já prevenidas e preparadas para a separação, tida por muitos como inevitável.

O medo de rejeição faz com que poucos se abram a ponto de compartilhar o que realmente pensam e quem realmente são. O receio de se revelar talvez inclua a desconfiança de que transparência acaba dando "munição" para o outro, o que, depois, pode ser usado de forma destrutiva.

Além do mais, vivemos num mundo onde há forte tendência à superficialidade e uma ênfase nos aspectos externos (sensualidade, conforto material e físico etc.), que desvalorizam aspectos profundos e duradouros da pessoa.

4. À luz dessa "parceria conjugal", quais as instruções que Pedro dá ao marido em 1Pedro 3:7?

_____
_____
_____

No relacionamento conjugal, a amizade não é um fim em si mesma. Deus une duas pessoas no "jugo" matrimonial, a fim de que seu serviço como casal seja maior que a soma de suas vidas como solteiros. Para isso acontecer, porém, o "jugo" tem de ser igual.

5. Leia 2Coríntios 6:14-16. Embora o texto trate do lado negativo (do jugo desigual entre crentes e descrentes), procure enumerar os termos no texto que descrevem o ideal para a união a dois, quando os dois usam o mesmo "jugo".

_____
_____

Uma união de pares, ou seja, um jugo igual, é descrita no texto como uma "sociedade", comunhão (intimidade), harmonia, parceria e acordo. Em outras palavras, uma associação de benefício mútuo que leva a muitas alegrias.

6. Qual a figura por trás da ideia de um "jugo"? (Em termos agrícolas, qual o propósito de um jugo ou "canga"?) Como essa ilustração nos ajuda a compreender o propósito de Deus para a união conjugal? O que seria um "jugo desigual"?

_____
_____

Na Antiguidade, um campo era cultivado por dois bois ligados por uma canga, que os mantinha trabalhando juntos, guiados pelo fazendeiro. Dois animais diferentes, que não puxavam o arado com a mesma força, ou que tinham tamanhos ou disposições diferentes, levariam à confusão. No fim, um animal ou ambos ficariam debilitados. No entanto, o trabalho de arar a terra era realizado, ainda que debaixo daquele jugo ou canga.

Pelo fato de o casamento ter sido feito para glorificar a Deus, espelhando e espalhando Sua imagem e Seu reino na terra, o "jugo desigual" dentro do casamento é uma contradição de termos. Mas o "jugo igual", em que cada um reforça o outro, leva à cooperação mútua, aliviando a carga de cada cônjuge e multiplicando seu esforço.

O profeta Amós acusou o povo de Israel de ter ferido os termos da sua aliança com Deus, com efeito, andando num jugo desigual com Ele: *Por acaso andarão duas pessoas juntas, se não estiverem de acordo?* (Amós 3:3). Esse princípio também se aplica ao casamento. Quando não houver um propósito comum; quando não existir um objetivo maior que dê sentido à vida; quando cada cônjuge puxar o arado numa direção, haverá confusão, atrito e derrota.

Podemos dizer que a fórmula matemática que mais bem descreve o casamento aos olhos de Deus é: 1 + 1 > 2. Ou seja, a soma de duas vidas que servem ao mesmo Mestre com a mesma missão deve produzir mais para o reino de Deus do que cada uma produziria separadamente.

7. A Palavra de Deus é clara quanto ao que fazer se um cônjuge descobrir, depois de casado, que está num "jugo desigual", crente com descrente. Leia e descreva as instruções dadas em 1Coríntios 7:12-14 e 1Pedro 3:1,2.

   _____
   _____
   _____

8. Uma forma de multiplicar a amizade conjugal em prol do reino é o ministério em conjunto. Vocês já têm algum envolvimento ministerial como casal? Quais são algumas das possibilidades para vocês ministrarem juntos?

   _____
   _____
   _____

Conclusão

9. Como grupo, leiam as "Dez sugestões para fortalecer a amizade conjugal", apresentadas a seguir. Compartilhem: Quais delas vocês já puseram em prática? Quais delas parecem interessantes? Escolham uma como projeto para esta semana.

   _____
   _____

Dez sugestões para fortalecer a amizade conjugal

1. Orar juntos, duas ou três vezes por semana, durante três a cinco minutos no início, aumentando esse tempo se quiserem.
2. Tirar uma noite para sair juntos só vocês dois.
3. Relembrar os "bons e velhos tempos" do seu namoro, noivado e casamento com os álbuns de fotos, vídeo, DVD e outras lembranças.
4. Desenvolver um *hobby* e/ou ministério em conjunto.
5. Participar de um retiro de casais ou "escapar" para um sítio, hotel ou outro lugar, só vocês dois.
6. Desligar a TV e tomar suas refeições juntos, como casal, sem interferências.
7. Criar o hábito de ir dormir no mesmo horário, juntos, sem as crianças.
8. Voltar a praticar (ou começar!) as pequenas "cortesias" e expressões de carinho:
   - andar de mãos dadas;
   - dar um abraço espontâneo;
   - abrir a porta para ela;
   - escrever um bilhete amoroso.
9. Aprender a se comunicar de maneira mais profunda sem ficar na defensiva, justificando-se, vingando-se ou fugindo de conversas mais sérias.
10. Separar os primeiros minutos depois que os dois estão em casa para compartilhar os eventos do dia.

INSPECIONANDO A CONSTRUÇÃO

Revise as "Dez sugestões para fortalecer a amizade conjugal". Escolha uma das sugestões como projeto para esta semana.

Leia o artigo "Meu cônjuge, meu amigo" (p. 135).

Sua tarefa esta semana é desenvolver sua amizade como casal, curtindo um tempo para sair juntos. Nessa ocasião, vocês dois devem, de preferência, fazer algo de que ambos gostam (assistir a um filme, jogar tênis, passear, almoçar fora etc.).

Vocês têm objetivos claros como família em termos do seu investimento no reino de Deus? Que tal se sentarem juntos esta semana para conversar sobre o propósito de sua família (a razão por que Deus juntou vocês) e traçar alguns objetivos em termos do seu ministério como casal, inclusive o uso de seu tempo, energia, bens e finanças para a expansão do reino de Deus? Procurem igualdade nas ideias (um "jugo igual") sem "forçar a barra".

_____
_____
_____

ACABAMENTO

Estude 1Coríntios 7:8-10. Para o apóstolo Paulo, o que mais deve influenciar todas as decisões é o reino de Deus. Por isso, ele aconselha àqueles que têm condições de continuar sozinhos que não se casem. Assim, podem investir toda a sua energia, recursos e tempo no reino. Conforme o versículo 9, porém, se as distrações sexuais diminuírem a concentração de um solteiro na obra do reino, será muito melhor que ele se case, não simplesmente para satisfazer os desejos físicos, mas porque, como duas pessoas, eles poderão unir suas forças no serviço de Jesus. Em tudo o reino ficará em primeiro lugar!

Por que tão poucos casais hoje levam em consideração a questão do reino e do jugo igual quando ponderam um futuro comum? Como a igreja pode ajudar os jovens nesse sentido?

_____
_____
_____

MEU CÔNJUGE, MEU AMIGO

Marcos e Valéria não sabiam como acontecera, mas haviam perdido algo de precioso em seu relacionamento. Depois de sete anos de casamento, dois bebês, uma carreira promissora e um compromisso sério com os trabalhos da igreja, esqueceram-se de cuidar de um "detalhe" em sua vida — o próprio relacionamento a dois. Por não terem investido no desenvolvimento da sua amizade, perderam seu "primeiro amor".

A maioria das músicas populares fala de paixão e de romantismo entre o homem e a mulher. Poucas destacam uma ênfase tão bíblica quanto esta: a amizade conjugal. Amizade no casamento é um desafio para investir na vida do seu cônjuge, tanto no sentido romântico quanto no crescimento pessoal, na intimidade e na amizade.

Infelizmente, muitos homens encaram a esposa não como "auxiliadora idônea", mas como "ameaçadora medonha". Preferem ter uma esposa que não questione, não opine, não discorde e que **não pense**. São maridos inseguros e egoístas, ameaçados por qualquer sucesso alcançado pela esposa. Acabam por abafá-la. Não conseguem desenvolver uma amizade verdadeira.

Ao mesmo tempo, algumas mulheres preferem competir com o marido, em lugar de apreciá-lo. Em vez de jogar como um time, ela tenta ser a estrela do time, num jogo individualista. Anula também a possibilidade de uma amizade bíblica desenvolvida com o marido.

Outra ameaça à amizade conjugal é o corre-corre da nossa vida. Acabamos sacrificando o importante no altar do urgente. O bom acaba tomando o lugar do excelente. Pouco a pouco, de forma sutil e quase imperceptível, perdemos a intimidade conjugal. Podemos enumerar vários fatores que contribuem para o distanciamento do casal:

1. **Filhos** — Crianças "onipresentes" que roubam tempo dos dois; "filhocentrismo", que faz com que o universo familiar gire em torno dos filhos e que leva os pais a não darem importância ao relacionamento conjugal.

2. **Serviço** — Pressão financeira, a tentativa de estabelecer uma vida confortável para a família e a sedução de promoções e avanços na carreira fazem com que nos esqueçamos de investir na família.

3. **Ministério** — Necessidades na igreja, junto com o desejo de fazer investimentos eternos, às vezes podem ofuscar prioridades divinas de investimento eterno no lar; para alguns, o desejo de manter uma aparência de "espiritualidade" leva a grandes envolvimentos na igreja e ao abandono da família.

4. **"Bobagens"** — Vários "buracos negros" no universo familiar sugam tempo que poderia ser investido no relacionamento conjugal: internet, TV, jornal, amigos, telefone e esportes.

A perda do primeiro amor

Há várias etapas na vida de um casamento. Mesmo que aquela paixão do namoro não continue acompanhada pelo "arrepio" de antes, a profundidade do nosso amor deve aumentar. Caso isso não esteja acontecendo, devemos ficar preocupados. A pergunta-chave é: será que nossa amizade como casal está aumentando ou diminuindo?

Amizade conjugal deve ser a marca de grife que destaca o relacionamento a dois. Como qualquer outro investimento lucrativo, esse tipo de compromisso e de companheirismo envolve sacrifícios e alguns riscos.

Definição: amizade bíblica

O livro de Provérbios traça pelo menos quatro "níveis" de relacionamento interpessoal, desde "companheiro" e "vizinho" até "amigos" ("aqueles que amam") e "íntimos" (v. Provérbios 2:17; 27:10; 18:24). É interessante notar que o último nível, traduzido por "íntimos" ou por "melhores amigos", em Provérbios 16:28, refere-se ao relacionamento entre marido e esposa em Provérbios 2:17. Em outras palavras, o padrão bíblico para o casal é que sejam os melhores amigos, desenvolvendo uma intimidade cada vez maior em todas as esferas da vida — intelectual, emocional, física e espiritual. Este é o alvo: minha esposa, minha amiga; meu esposo, meu amigo.

Baseado no livro de Provérbios, podemos sugerir uma definição de amizade no contexto do casamento (v. Provérbios 13:20; 14:20; 17:17; 18:24; 27:6,17).

Amizade bíblica: Amizade é um relacionamento de compromisso mútuo, baseado em provas de confiabilidade e compatibilidade, que leva ao crescimento de intimidade em todos os aspectos.

Cultivando a amizade conjugal

Se o padrão bíblico para o casamento envolve compromisso que leva à intimidade, podemos perceber por que Satanás ataca o casamento justamente nesse ponto. Enquanto a Palavra de Deus afirma: ... *o que Deus uniu o homem não separe* (Mateus 19:6), o alvo de Satanás é romper o relacionamento conjugal (1Pedro 5:8).

Por isso, o casal tem a responsabilidade de proteger seu relacionamento e de desenvolver sua amizade. A intimidade no casamento deve ser cultivada. No namoro e noivado, a terra está sendo preparada enquanto crescemos no entendimento mútuo e no sacrifício pessoal. No dia do casamento, as sementes são definitivamente plantadas no jardim. O relacionamento tem de ser trabalhado e cultivado — precisamos capinar, arrancando as pragas do egoísmo, do ativismo e da preguiça que ameaçam estrangular as plantas pequenas. Precisamos molhar as plantas, nutri-las, assim como temos de providenciar o calor do sol e bastante espaço para que elas cresçam.

É desse modo que precisamos crescer como casal, cultivando o relacionamento como melhores amigos, compartilhando as alegrias e as tristezas da vida a dois, gastando tempo de qualidade e de quantidade juntos. Precisamos erguer cercas ao redor do nosso relacionamento, não admitindo terceiros no nosso jardim, quaisquer que sejam eles — amigos, parentes, trabalho, ministério ou, no pior dos casos, concorrentes. Todos estes matam o jardim e destroem a amizade conjugal se nele ocuparem um lugar central.

Desenvolvendo o ministério marido—esposa

A instituição do casamento no jardim do Éden deixa claro que Deus tinha a intenção de que a amizade e a intimidade conjugais se desenvolvessem pelo ministério mútuo entre marido e esposa

(v. Gênesis 2:18-24). Uma vez casados, o ministério marido—esposa passa a ser a primeira responsabilidade entre muitos ministérios do casal. Esse foi o plano original de Deus e continua a sê-lo no Novo Testamento (1Timóteo 3:4,5,12; 1Coríntios 7:32,33). Enumeramos a seguir algumas implicações desse princípio:

1. O casal deve servir um ao outro, completando-se, e não competindo entre si.
2. Nossa tendência é casar com alguém que seja o nosso oposto. Devemos apreciar as diferenças, e não tentar criar nosso cônjuge à nossa própria imagem!
3. Conforme o padrão bíblico, ministramos um ao outro, o marido amando sacrificialmente a sua esposa, como o "líder--servo" do lar; a esposa respeitando e apoiando seu marido, por meio de um espírito manso e de submissão voluntária (Efésios 5:25-32; Provérbios 31:10-31; 1Pedro 3:1-7).
4. O ministério marido—esposa baseia-se na definição de amor bíblico, que sempre visa ao bem-estar do outro, e não ao seu próprio bem-estar.

Graças a Deus há esperança para casais como Marcos e Valéria. Nunca é tarde demais para renovar uma amizade. Basta crer — e investir — no seu melhor amigo: seu cônjuge.

LIÇÃO 11

Comunicação conjugal

> PRINCÍPIO DE CONSTRUÇÃO
> *Deus pode revolucionar relacionamentos no lar quando seus membros evitam pecado no falar e permitem que Jesus seja visto por meio deles.*

▪ Objetivos do estudo

Como resultado deste estudo, os membros do grupo devem ser capazes de:

- Estabelecer hábitos bíblicos, saudáveis e cristocêntricos de comunicação familiar.
- Descobrir áreas em que sua comunicação familiar pode melhorar.
- Identificar os obstáculos na comunicação conjugal e familiar que minam a obra do Espírito Santo no lar.
- Seguir as "regras de discussão" para manter o equilíbrio no lar e evitar brigas que criam distância entre os membros da família.

Sugestões:

Os conceitos e sugestões apresentados nesta lição têm o poder de revolucionar relacionamentos familiares. Para isso, é preciso que o casal permita que o Espírito Santo os use para falar as palavras de Jesus. Ore antes da aula, pedindo-Lhe que faça isso!

Terraplenagem

Telefone sem fio

- Procedimento: O líder deve iniciar a "conversa" sussurrando para uma pessoa ao seu lado um dos dois "recados" anotados aqui e, a seguir, dizendo "passe adiante". (Os membros do grupo devem fechar seus livros para não ler as frases.) Da mesma forma, o recado deve circular por todos os membros do grupo. Quando chegar à última pessoa, esta deve dar um relatório do recado que ouviu.

- Recados:
  - "Comunicação é a arte de reproduzir significado por meio de uma mídia mutuamente acessível."
  - "Uma comunicação eficaz requer conteúdo, clareza e caráter para produzir impacto no ouvinte."

Essa atividade tem como propósito ilustrar alguns obstáculos que existem no processo de comunicação.

Firmando Alicerces

1. Compartilhe com o grupo suas reações depois da leitura do artigo "Meu cônjuge, meu amigo" (p. 143).
2. Desde o último encontro, algum dos casais conseguiu realizar uma saída ou passeio só os dois? Descrever o tempo passado juntos.

Erguendo Paredes

Certa vez, uma esposa estava tentando explicar para o marido os resultados de estudos feitos na área de comunicação conjugal. Disse que, conforme as pesquisas, as mulheres falam cerca de 30.000 palavras por dia, enquanto os homens falam somente 15.000. "Há duas razões para isso", ela explicou, "ou é porque as mulheres têm duas vezes mais coisas importantes para falar, ou é porque precisam repetir tudo que falam para seu marido". Imediatamente, o marido perguntou: "O quê?"

Comunicação saudável no lar

Pesquisas entre casais revelam que há pelo menos quatro áreas específicas em que os casais apresentam maiores problemas: comunicação, maus hábitos, finanças e sexualidade. Das quatro, a comunicação é fundamental, pois exerce uma forte influência sobre as outras três áreas. Antes de examinarmos princípios bíblicos sobre a vida financeira e sexual do casal, queremos avaliar a saúde da nossa comunicação conjugal e familiar. A Bíblia nos dá muitos princípios de comunicação e nos adverte contra obstáculos que nela interferem.

1. Qual a importância da comunicação no casamento e na família? **Leia Mateus 12:34,35; 15:11,17-20.** Por que o que a boca fala é tão importante?

_____

_____

_____

Nossas palavras revelam nosso coração. Se as palavras vêm diretamente do coração, a melhor estratégia para purificá-las seria tratá-las direto na fonte, e não na torneira! ... *a boca fala do que o coração está cheio* (Mateus 12:34). Se Jesus não transformar o coração, será podre a nossa conversação!

A vida cristã é a vida de Cristo sendo vivida em nós. O propósito do Pai é nos conformar cada vez mais à imagem de Jesus (Romanos 8:29; Colossenses 1:28,29; Filipenses 1:6; 2Coríntios 3:18), e grande parte desse processo envolve nossas palavras.

Comunicação é a chave que mantém todos os membros da família "na mesma página"; pois é a melhor maneira de desenvolver intimidade, um verdadeiro compartilhar na esfera do coração. Sem comunicação, cada membro da família vive numa ilha, separado, afastado, distante dos outros. Com comunicação saudável, há possibilidade de superar quase qualquer obstáculo; sem comunicação, o relacionamento está morto.

2. Imagine algumas situações típicas numa família em que sempre existe a tentação de falar palavras que Jesus não falaria. Pense no que, esta semana, mudaria em sua família se as palavras que você diz e ouve fossem sempre as palavras de Jesus! (Em um ou dois minutos, alguns casais do grupo poderiam dramatizar cada situação descrita a seguir.)

- Situação 1: A família está atrasada (mais uma vez) para o culto, e você está escalado para trabalhar na recepção da igreja.

- Situação 2: Ontem, seu cônjuge se esqueceu de lhe dar um recado muito importante que recebeu!

- Situação 3: Seu marido não avisou que chegaria atrasado do serviço, e chega em casa três horas depois de você ter guardado a refeição especial que fez para ele.

_____
_____
_____

3. **Leia Efésios 4:29.** O texto diz que devemos falar somente palavras "boas" ou "bondosas". Quais as descrições dessas palavras que são feitas no versículo?

_____
_____
_____

4. Quais são as situações comuns no lar em que temos de escolher entre palavras "torpes" e palavras bondosas, "conforme a necessidade" e que ministram graça?

_____
_____
_____

Pense no que significa quando palavras que ministram "graça" — favor NÃO merecido — são ditas a pessoas que, humanamente falando, merecem o contrário. A bondade de Cristo é revelada quando respondemos com palavras que edificam. ISSO NÃO SIGNIFICA MOLEZA, TOLERÂNCIA DE PECADO OU FALTA DE DISCIPLINA NO LAR. Significa que, na hora de disciplinar, repreender ou contrariar, não "desmontamos", não ridicularizamos, não menosprezamos ou escarnecemos da pessoa com quem estamos nos relacionando.

5. Leia Provérbios 15:1. Qual o princípio de comunicação que você encontra nesse texto?

_____
_____
_____

(?) Pense na última vez em que você enfrentou uma discussão em casa. Como esse versículo poderia ter ajudado e/ou evitado a discussão?

_____
_____
_____

Obstáculos à comunicação familiar

Vimos que existem princípios que norteiam a comunicação saudável no lar, mas também há obstáculos no caminho, barreiras que interferem na comunicação familiar. Como uma lombada inesperada pode causar grandes danos num veículo, esses obstáculos na área de comunicação podem danificar o "carro familiar" em seu percurso. Somente quando dependemos de Deus e de Sua graça é que podemos trafegar nessa rodovia da comunicação com segurança.

Vamos examinar algumas barreiras que se levantam em nossos relacionamentos, o que Deus pensa a respeito delas, e como vencê-las.

Comunicação superficial

6. Leia 1Pedro 3:7. Enumere as ordens dadas ao marido. Como uma boa comunicação entre marido e esposa poderia ajudar os maridos a cumprir cada ordem?

_____

_____

_____

Se o casal está sempre "na mesma página", por meio de uma comunicação constante, profunda e saudável, o marido entenderá melhor as necessidades da esposa e dos filhos. Informação é o primeiro passo para a transformação.

Ira não resolvida

Em Efésios 4:3, descobrimos que devemos procurar *cuidadosamente manter a unidade do Espírito no vínculo da paz*. O Espírito Santo é o autor da unidade no corpo de Cristo. Sua presença em nós e em outros crentes é o que unifica o corpo.

Por outro lado, o diabo quer "desmembrar" o corpo de Cristo. Ele procura fazer isso minando a obra do Espírito Santo na família.

7. Leia Efésios 4:26,27. Embora Paulo reconheça a possibilidade de "ira justa", ele também nos adverte contra a ira desenfreada, que leva ao pecado. A recomendação feita pelo apóstolo — *não se ponha o sol sobre a vossa ira* (v. 26, ARA) — significa que devemos resolver nossa ira assim que for possível, não permitindo que mágoas se levantem entre nós. Note o versículo 27. Existe uma ligação entre "dar lugar ao diabo" e "não se pôr o sol sobre vossa ira". Como o diabo aproveita nossa ira, especialmente à luz da obra do Espírito Santo, que une o corpo de Cristo?

_____

_____

_____

O diabo aproveita-se dessas brechas para rachar o corpo de Cristo, especialmente a família, lutando desse modo contra os propósitos de Deus. Deixar que se abra uma brecha no relacionamento dá oportunidade a Satanás de trabalhar em nossa vida, erguendo barreiras cada vez mais altas entre nós.

Palavras torpes

8. Leia Efésios 4:29,30. Que tipo de palavra entristece o Espírito? Que exemplos desse tipo de palavras podem ser encontrados no relacionamento familiar?

_____
_____
_____

(?) Repare mais uma vez na ligação entre pecados com a língua e a ação do Espírito Santo (v. 30). Por que pecados com a língua são especialmente tristes para o Espírito?

_____
_____
_____

A palavra traduzida por "torpe" significa literalmente "inútil". Inclui palavras destrutivas ou "podres", mas também palavras vazias, que não ministram graça. Mais do que qualquer outro pecado, o pecado com a língua destrói o que o Espírito Santo constrói — a unidade no corpo.

Egoísmo no falar

9. Leia Provérbios 18:2. Conforme esse versículo, como o egoísmo se manifesta na comunicação? Que sugestões práticas você tem para melhorar suas habilidades de ouvinte?

_____
_____
_____

O egoísmo manifesta-se quando uma pessoa só quer falar e nunca ouvir, externando, desse modo, "seu interior". Pessoas assim facilmente se tornam "sábias aos próprios olhos" e acabam parando no tempo, pois nunca ouvem o que precisam para crescer.

Para ser menos egoísta no falar e mais ativa no ouvir, a pessoa pode fazer perguntas inteligentes; estar focalizada no que o outro está dizendo; repetir (parafrasear) o que o outro fala para garantir compreensão; deixar de pensar na resposta que vai dar ao outro enquanto ele fala; e muito mais.

Mentira

Efésios 4:15,25 apresenta alguns elementos de uma conversação saudável:

- Abandonar a mentira.
- Falar a verdade.
- Falar em amor.

Alguns acham que a mentira é o pior pecado que pode existir na família. Por que a mentira é tão destrutiva para relacionamentos familiares? A mentira mina o alicerce de todo relacionamento, que é a confiança mútua. Somos membros uns dos outros. A mentira, então, é contra nós mesmos. A pessoa que mente ama a sua proteção mais do que ao relacionamento com a outra pessoa. Usa máscara para fingir ser o que não é e assim evita a verdadeira intimidade. Faz o que for necessário para proteger a si mesma, inclusive mentir.

10. Qual o equilíbrio entre "falar a verdade" e "falar em amor"? Existem ocasiões em que seria melhor não contar toda a verdade para um cônjuge por causa do amor?

_____
_____
_____

Nunca é aconselhável mentir ou enganar seu cônjuge. Ao mesmo tempo, o amor tem de ser sensível e sábio, usando bom senso para determinar quando contar e quando não contar a informação e os detalhes que podem ser prejudiciais para o cônjuge. Em tudo, o casal deve zelar por um relacionamento aberto e verdadeiro.

Conclusão

Nos últimos anos, uma campanha tem percorrido o Brasil e o mundo, divulgando a sigla "OQFJ?" (O Que Faria Jesus?). Talvez pudéssemos modificar o significado para "O Que FALARIA Jesus?"

Infelizmente, é justamente na hora das discussões que quebramos os princípios bíblicos que orientam uma comunicação saudável. A seguir, oferecemos uma peneira bíblica que serve como "tábuas da lei" para discussões saudáveis no lar. Veja agora os "Dez mandamentos da comunicação familiar":

Dez mandamentos da comunicação familiar

- Não guardarás mágoas no teu coração de um dia para o outro.
- Não levantarás a tua voz.
- Não usarás termos ou nomes negativos quando em uma discussão.
- Não revelarás para outros as falhas do teu cônjuge.
- Não usarás o sexo como arma contra o teu cônjuge.
- Não envolverás terceiros numa discussão (inclusive as crianças).
- Fecharás a tua boca até entender o que o outro realmente está dizendo.
- Separarás um tempo diário para compartilhar e conversar com teu cônjuge.
- Criarás bons hábitos de comunicação, e vocês gastarão tempo juntos.
- Procurarás ajuda quando vires que, sozinhos, vocês não conseguem resolver seus problemas.

Que Deus nos ajude a desenvolver uma comunicação saudável entre nós, sem erguer barreiras e desfazendo aquelas que já existem.

INSPECIONANDO A CONSTRUÇÃO

Leia o artigo "Morte na língua" (p. 152) e avalie a sua vida. Durante esta semana, esteja atento às suas palavras e clame a Deus para que elas sejam agradáveis diante dele (Salmos 19:14). Compartilhe com o grupo suas vitórias nessa área.

_____
_____
_____

Gary e Anne-Marie Ezzo, em seu curso *Educação de filhos à maneira de Deus,* recomendam uma técnica comunicativa chamada **Tempo de Sofá**, em que o casal, ao chegar em casa, procura passar os primeiros 10 a 15 minutos conversando. Esses minutos ajudam os cônjuges a permanecerem "na mesma página", contribuem para a amizade conjugal e dão segurança aos filhos, ao perceberem eles o valor que os pais dão ao seu relacionamento.

Que tal praticar o "tempo de sofá" pelo menos algumas vezes esta semana? (Não é necessário que a conversa seja especificamente no sofá, mas será bom que, nesse momento, os filhos estejam acordados para observar os pais, mas sem interromper esse tempo.) Dê um relatório no próximo encontro sobre o que aconteceu.

_____
_____
_____

Projeto pessoal e familiar

Leia os "Dez mandamentos da comunicação familiar". Destaque dois ou três deles que você tem quebrado com mais frequência. Anote aqui um projeto pessoal sobre pelo menos um desses "mandamentos" que, pela ajuda e graça de Deus, você não quer mais quebrar.

_____
_____
_____

Acabamento

Leia Mateus 5:23,24. Conforme esse texto, Deus nos lembra (incomoda) sobre barreiras que existem entre nós e outros irmãos. Ele exige que nós mesmos tomemos a iniciativa para resolver a questão (veja Gálatas 6:1). Deus não aceita nossa oferta (louvor, serviço etc.) enquanto formos desobedientes a Ele nessa área.

Avalie estas questões à luz desse texto:

(?) Seu relacionamento com seu cônjuge vai bem? Existe algum atrito entre vocês que ainda não foi acertado?

_____
_____
_____

(?) Existem barreiras entre você e seus filhos? Algo que você fez e pelo qual nunca se humilhou o suficiente para pedir perdão a seus filhos?

_____
_____
_____

(?) Há algum parente com quem você não fala há muito tempo? Até agora, não conseguiu transpor as barreiras entre vocês? Está na hora de consertar seu relacionamento. Que tal você dar o primeiro passo?

_____
_____
_____

Estudo de casos

Leia a narrativa destes três casos. Depois de cada um, anote um princípio positivo ou negativo que você encontrou na história e esteja pronto para compartilhar com o grupo a melhor maneira de lidar com a situação.

Caso 1

João e Maria são casados há quatro anos. No início, foi tudo às mil maravilhas. Com o tempo, entretanto, a lua de mel acabou. Tudo começou no primeiro ano de casamento, quando tiveram uma briga feia sobre algo que nenhum dos dois consegue se lembrar hoje. Um ficava esperando que o outro pedisse perdão, achando que o outro é que estava errado. Com o tempo, criou-se uma distância entre eles, que se manifestou em diversas áreas de seu relacionamento, inclusive no seu relacionamento sexual. Ninguém na igreja tem a mínima ideia de que eles estão com problemas. No entanto, ambos estão vivendo uma verdadeira tragédia, pois enfrentam um isolamento emocional tremendo.

Princípio:

_____

_____

_____

Caso 2

José e Sandra são casados há trinta e três anos. Sempre foram ótimos amigos, apesar de já terem passado por tempos difíceis em seu casamento. Perderam um filho ainda bebê e viveram um período de grandes apertos, quando José ficou desempregado. Entretanto, sempre lutaram juntos para superar as situações difíceis. Não são perfeitos — já tiveram mais "discussões" do que podem contar. Mas, depois, sempre sentiram uma inquietação que não permitia que deixassem o problema sem ser resolvido. Hoje, estão prontos para curtir a aposentadoria e os netos.

Princípio:

_____

_____

_____

Caso 3

Luciana e Mara são concunhadas. Eram boas amigas quando a igreja começou. Trabalhavam juntas na cantina, no berçário e nos mutirões da igreja. Ambas coordenavam a sociedade feminina: Luciana era a presidente, e Mara, a vice-presidente. Sete anos atrás, porém, houve um desentendimento entre as duas por causa do uso da cozinha da igreja. Os maridos de ambas eram diáconos, e elas apelaram para que a liderança da igreja resolvesse o problema. Quando a liderança decidiu a favor de Mara, Luciana ficou indignada. Desde então as duas mulheres não conversam mais, sentam em lados opostos na igreja e não permitem que seus filhos brinquem juntos. Os maridos também não conversam mais, apesar de serem irmãos e terem sempre jogado bola juntos.

Princípio:

_____
_____
_____

MORTE NA LÍNGUA

Nunca poderei me esquecer de como desmontei meu pai com sete palavras simples. Eu tinha 17 anos, e meu relacionamento com ele passava por um inverno. Isso por causa de vários acontecimentos em casa que haviam congelado a nossa amizade. Nada, porém, justificava o que falei para papai naquela ocasião.

Estávamos voltando de uma visita a uma faculdade pela qual eu me interessara. Meu pai me acompanhara e, para surpresa de ambos, o tempo passou sem atritos. Parecia que a "guerra fria" estava chegando ao fim. Foi então que ele se virou para mim e disse: "Filho, este tempo foi muito bom. Foi bom demais. Como gostei de estar com você nestes dias!" Sem pensar duas vezes, a amargura do meu coração escapou com todo o vigor de um vento do Polo Sul. Eu simplesmente disse: "Não foi assim tão grande coisa, pai". Na hora, uma geada caiu sobre os primeiros sinais de uma primavera no nosso relacionamento, que, então, passaria por um novo inverno por mais alguns anos, até que Deus fizesse uma nova obra em nossa vida.

Você já reparou no poder das palavras para fazer bem ou mal? Consegue se lembrar de uma vez em que você foi desmontado por uma palavra de "desgraça"? Por outro lado, lembra-se de alguma vez em que alguém falou uma palavra de encorajamento que mudou toda a sua perspectiva de vida?

A Palavra de Deus nos adverte contra a destruição causada pela língua. Ao mesmo tempo, encoraja-nos pelo potencial que a língua tem de transmitir vida e graça às pessoas desanimadas.

> *A morte e a vida estão em poder da língua, e aquele que a ama comerá do seu fruto. [...] A língua suave é árvore de vida, mas a língua perversa abate o espírito.* (Provérbios 18:21; 15:4)

Precisamos reconhecer o poder das palavras e, pela graça de Deus, começar a domá-las para serem úteis ao Senhor. Das muitas formas com que esse conselho pode transformar relacionamentos, nenhuma é mais importante do que a comunicação no lar.

Certa vez, um monge foi falar com seu supervisor para confessar o pecado da fofoca. "Pequei", ele disse, "por espalhar um boato sobre fulano. O que posso fazer agora para acertar a situação?" O líder daquele mosteiro olhou para seu discípulo e o instruiu: "Vá a todas as casas da nossa vila e coloque uma pena sobre o portal de cada uma delas. Depois volte aqui". O jovem não entendeu, mas obedeceu. No dia seguinte, voltou para seu chefe e disse: "Fiz o que o senhor mandou. Coloquei uma pena no portal de cada casa da vila. E agora, o que devo fazer?" "Agora, volte e recolha todas as penas e traga-as para mim", foi a resposta.

"Mas é impossível!", exclamou o monge aprendiz, "pois, agora, o vento já terá espalhado as penas para o mundo inteiro!" "Exatamente", respondeu o sábio ancião. "O mesmo acontece com suas palavras. Já se espalharam para o mundo todo, e não há como recolhê-las. Vá e não peque mais."

Quantas vezes eu já quis trazer de volta uma palavra desgraçada, momentos depois que saiu da minha boca! Nunca consegui!

Aquela palavra caiu sobre os ouvintes como uma bomba nuclear, destruindo e matando. Às vezes, os resultados destrutivos continuaram durante muito tempo.

O livro de Provérbios nos alerta sobre esse poder fatal da língua:

> *As palavras dos ímpios são emboscadas mortais...* (Provérbios 12:6).

> *Contar mentiras sobre outra pessoa faz tanto mal quanto bater-lhe com um porrete, com uma espada ou uma flecha bem aguda.* (Provérbios 25:18, NBV)

Como, então, desativar essa bomba que existe entre nossos lábios? A resposta bíblica é: pesar nossas palavras, pensar sobre nossas palavras e peneirar nossas palavras. Isto é, falar pouco e falar bem o que falamos!

Por nós mesmos, isso será impossível. Somos pecadores por natureza, e a nossa tendência natural é fofocar, resmungar, criticar, xingar, blasfemar. Foi por isso que Jesus veio a este mundo — para resgatar a língua do homem. Para fazer isso, precisava realizar um transplante — não da nossa língua, mas do nosso coração, pois a língua só fala do que o coração está cheio (Mateus 12:34). A morte e a ressurreição de Jesus tiveram como alvo transformar o coração daqueles que depositam sua confiança (fé) em Jesus (e só nele) para obter a vida eterna. O resultado deve ser uma transformação de vida, a começar do coração, estendendo-se até a língua!

Shakespeare comentou: "Quando palavras são raras, não são gastas em vão". Outro erudito disse: "Homens sábios falam porque têm algo para dizer; tolos, porque gostariam de falar algo". Um ditado filipino aconselha: "Em boca fechada, não entra mosca". Os árabes oferecem esta joia de sabedoria: "Tome cuidado para que sua língua não corte seu pescoço".

No entanto, foi Salomão, em Provérbios, que primeiro nos aconselhou:

> *Nas muitas palavras não falta transgressão, mas o que controla seus lábios é sensato* (Provérbios 10:19).

> *Quem controla suas palavras tem conhecimento, e o sereno de espírito é homem de entendimento. Quando se cala, até o tolo passa por sábio, e o que fecha os lábios, é visto como homem de entendimento* (Provérbios 17:27,28).

Em outras palavras, é melhor fechar sua boca e passar por tolo, do que abri-la, e depois não restar a menor dúvida de que você é mesmo tolo!

Graças a Deus que, anos mais tarde, no meu relacionamento com meu pai, Deus nos reconciliou outra vez. A primavera voltou pela graça de Deus. Passamos por anos de inverno à toa. O mesmo não precisa acontecer na sua família. Não entre "numa fria". Cuide bem de suas palavras, especialmente em casa, onde somos muito capazes de destruir vidas com a nossa fala. Deixe que Jesus viva Sua vida por intermédio de você, falando Suas palavras por meio de você. Afinal de contas, *a resposta branda desvia o furor, mas a palavra dura provoca a ira* (Provérbios 15:1).

LIÇÃO 12

Equilíbrio financeiro no lar

> PRINCÍPIO DE CONSTRUÇÃO
>
> *Equilíbrio financeiro depende de diligência, disciplina e dependência do Senhor e da Sua Palavra.*

▪ Objetivos do estudo

Como resultado deste estudo, os membros do grupo devem ser capazes de:

- Avaliar as suas atitudes quanto à riqueza e à pobreza e formular uma perspectiva equilibrada e bíblica sobre ambas.
- Traçar passos para adquirir controle sobre as suas finanças, inclusive suas dívidas.
- Estabelecer um plano para os gastos familiares que reflita a realidade familiar e os princípios bíblicos sobre finanças.
- Conversar, como casal e família, sobre finanças e tomar decisões que reflitam suas prioridades e seus valores financeiros.
- Estar atentos às tentações financeiras apresentadas pela mídia, que nos seduzem e minam a estabilidade financeira do lar.

Sugestões:

1. Há duas opções para a "Terraplenagem". Escolha a de maior interesse para o grupo. Se a lição se estender por dois encontros, use a outra sugestão na segunda reunião.

2. Dois ministérios e seus *sites* oferecem excelentes recursos para o equilíbrio financeiro do lar: o ministério Ganância (www.ganancia.com.br) e o ministério Crown, da Universidade da Família (https://www.udf.org.br/ministerios/crown/curso-crown-de-financas-para-adultos/).

TERRAPLENAGEM

Opção 1: Objetos de valor

- PROCEDIMENTO: Forme duplas conforme os aniversários de nascimento (uma dupla é formada com as duas pessoas que tenham as datas de aniversário mais próximas). Cada pessoa deve comentar sobre os três maiores valores ou prioridades que considera na vida. Pode ilustrar com objetos pessoais que traz consigo naquele momento. Deve mostrar cada objeto e deixar que o parceiro o manipule, enquanto explica o valor que o objeto tem para ela e que significado desperta em sua mente. Por exemplo, pode mostrar uma aliança de casamento, falando do cônjuge; uma foto, falando da filhinha; uma carteira de identidade, com os nomes dos pais, dizendo o quanto é grata a Deus pelos pais que tem. Depois que todos terminam de entrevistar seu par, alguns devem compartilhar com o grupo os valores do seu amigo, usando os objetos como lembrança visual.

Opção 2: Propaganda enganosa

- MATERIAL NECESSÁRIO: Revistas, jornais e outros veículos de propaganda (se quiser, pode até gravar comerciais de TV para mostrar durante a aula) que contenham exemplos de apelos à cobiça e ao egoísmo do ser humano.

- PROCEDIMENTO: Formem duplas para procurar exemplos de valores não cristãos de consumismo, materialismo, egoísmo, irresponsabilidade financeira etc., divulgados e promovidos pela mídia. Cada dupla deve fazer alguns recortes e apresentá-los ao grupo todo, explicando o engano da propaganda à luz da sabedoria bíblica.

FIRMANDO ALICERCES

1. Compartilhe suas reações depois da leitura do artigo "Morte na língua" (p. 161). Durante esta semana, você viveu alguma experiência em que tenha conseguido pôr em prática um ou mais desses princípios?

_____
_____
_____

2. Compartilhe com o grupo as áreas em que encontrou mais dificuldade para cumprir os "Dez mandamentos da comunicação familiar" (p. 156), estudados na lição anterior. Você conseguiu montar algum projeto pessoal para melhorar sua atuação nessas áreas?

_____
_____
_____

ERGUENDO PAREDES

Nesta lição, vamos tratar de duas questões fundamentais ao considerar o equilíbrio financeiro à luz da Palavra de Deus:

- Dívida e cobiça
- Equilíbrio financeiro

Dívida e cobiça

Um dos maiores perigos que os casais enfrentam hoje é o bombardeio contínuo de propagandas, comerciais e apelos para "pegar hoje, pagar depois". Em outras palavras, satisfazer seus desejos de possuir. Talvez o maior perigo seja que, muito mais do que os produtos desnecessários, essas propagandas vendem um estilo de vida de consumismo, cego à sabedoria bíblica e às prioridades eternas.

1. Em nossa cultura, quais são alguns dos fatores que levam a maioria das pessoas ao consumismo, mesmo quando não têm condição de pagar pelo que compram? Pense nos apelos que a mídia faz. Qual o perigo disso?

_____

_____

_____

Propagandas do tipo "Você merece!", "Você deve isso a si mesmo!" ou, ainda, "Se não comprar agora, nunca mais poderá ter!", "Não negue isso a si mesmo!", "Cinco pagamentos sem juros!", "Satisfação garantida!" são apelos que têm em comum uma filosofia materialista, cuja finalidade é ganhar coisas a qualquer custo, dentro ou fora do plano de Deus. Muitos casais acham que merecem hoje o que seus pais lutaram a vida inteira para adquirir. O perigo é que desenvolvemos um estilo de vida impossível de ser mantido, que vai além das nossas condições, causando angústia, discussões na família, escravidão aos credores e outros problemas mais.

Uma reportagem secular intitulada "Afogando em dívida" apresentou este comentário incisivo sobre dívida:

> Nosso comportamento financeiro é, de fato, uma expressão maior de quem nós somos por dentro. Mostra quanto estamos dispostos a aceitar a realidade, e o quanto queremos ser o que não somos.[1]

Em outras palavras, DÍVIDA NUNCA É UMA QUESTÃO SOMENTE DE DINHEIRO! Dívida revela atitudes sobre o dinheiro e sobre nós mesmos. O orgulho e a avareza impulsionam a dívida quando não temos condições de pagar o que pegamos e quando compramos para projetar uma imagem, *status* ou condição irreal da nossa vida. DÍVIDA NUNCA É UMA QUESTÃO SOMENTE DE DINHEIRO!

---

[1]US News and World Report, *Drowning in Debt*.

2. Leia Mateus 6:19-21 e 1Timóteo 6:10. Onde reside a essência dos nossos problemas financeiros?

_____
_____
_____

O problema está no nosso coração! Se não mudarmos o problema da cobiça e do descontentamento, o amor ao dinheiro estrangulará a nossa fé. O termo bíblico para desejos desenfreados de possuir é "cobiça". O dicionário define "cobiça" assim:

> "Desejo sôfrego, veemente, de possuir bens materiais; avidez, cupidez; ambição desmedida de riquezas".

Leia o que o livro de Provérbios diz sobre a cobiça que leva o homem a correr atrás de coisas materiais:

> *Os planos do diligente conduzem à fartura, mas muita precipitação leva à pobreza [...]. O invejoso corre atrás das riquezas e não sabe que a miséria o aguarda* (Provérbios 21:5; 28:22).

3. Leia Tiago 4:1-4. Conforme Tiago, quais os resultados da "cobiça" e da "inveja"? Você pode pensar em exemplos atuais que ilustram esses resultados? Qual o remédio bíblico para a cobiça (v. Hebreus 13:5; 1Timóteo 6:6-10,17-19)?

_____
_____
_____

Cobiça e inveja causam guerras, contendas, brigas, ódio, frustração, descontentamento, egoísmo e distância de Deus. No mundo, hoje, há inúmeros exemplos dos resultados da cobiça: guerras, crime, litígio, opressão, corrupção e muito mais. O remédio bíblico é uma vida dependente de Deus, contente com aquilo que se tem, sem amor ao dinheiro, rica em boas obras e generosidade.

4. Leia Provérbios 15:16 e 30:8,9. Descreva a mensagem que esses versículos lhe transmitem.

_____

_____

_____

Devemos desenvolver o temor do Senhor muito acima do amor ao dinheiro. Esse relacionamento íntimo com Deus nos traz paz, em vez de inquietação. Devemos procurar equilíbrio financeiro e contentamento com o estilo de vida que Deus nos proporciona. Devemos ansiar por uma vida de contentamento dentro do plano perfeito de Deus.

5. Leia Provérbios 22:7. O versículo diz que tomar emprestado é PECADO?

_____

_____

_____

(?) Conforme o versículo, o que acontece quando alguém toma emprestado? Qual o efeito na vida do devedor? E na vida do credor?

_____

_____

_____

(?) Implícito em Provérbios 22:7, o sábio dá um conselho. O mesmo princípio repete-se em Romanos 13:8, em outro contexto. Como resumir esse conselho?

_____

_____

_____

Na forma de "ditados populares", o livro de Provérbios traz conselhos sábios para uma vida bem-sucedida. Não considera todas as possíveis exceções a um princípio. Antes, sugere que viver de empréstimos é uma forma de tolice, que deve ser evitada a qualquer custo, para que o devedor não se torne escravo do credor.

A pessoa endividada acaba como escrava, debaixo do controle daquele que emprestou. Isso causa angústia, preocupação, fuga (do credor), brigas em casa, insônia e outras coisas. Há dois tipos de efeito na vida do credor. Alguns se tornam opressores cruéis, lucrando a custo de outras pessoas que são menos privilegiadas. Outros acabam vivendo a mesma angústia do devedor, ansiando pelo dia do pagamento, preocupados com a possível perda do que emprestaram.

Equilíbrio financeiro

Hoje, há muito desequilíbrio em nossas igrejas quanto às questões referentes à prosperidade e à pobreza. Alguns pendem para um ou outro extremo, exaltando ora a prosperidade, ora a pobreza. A Bíblia não ensina nem a teologia da miséria nem a teologia da prosperidade. Vamos estudar alguns princípios bíblicos sobre equilíbrio financeiro e como organizar as finanças do lar.

"Próspero" é um termo relativo, que depende muito de atitude, cultura, contexto histórico etc. A ênfase do livro de Provérbios não recai sobre a prosperidade material, mas, sim, sobre a felicidade, o contentamento, a integridade e a alegria de uma vida ordenada, disciplinada e feliz dentro da vontade de Deus. O livro destaca o valor insuperável da sabedoria, especialmente em comparação com o valor transitório do ouro e da prata (Provérbios 16:16). Um dos frutos da verdadeira sabedoria é que o homem justo e sábio viverá sua vida financeira de forma organizada e disciplinada. Esse fato, por si só, permite que ele seja mais próspero, em termos relativos, do que a pessoa cuja vida financeira está fora de controle.

6. Princípios para o equilíbrio financeiro em Provérbios. Estudem o gráfico a seguir como grupo, lendo cada bloco de textos junto com os princípios destacados. Depois, deem algumas aplicações práticas para cada princípio estudado.

Texto	Princípio(s)	Aplicações
(Provérbios 11:28; 3:5,6)	Depositar a sua confiança em Deus, e não em riquezas.	
(Salmos 127:1,2)	Não trabalhar excessivamente, sacrificando outras prioridades (como a família) no altar da prosperidade.	
(1Timóteo 6:17-19)	Demonstrar dependência de Deus por meio de uma vida generosa.	
(Provérbios 28:19; 12:11) (Provérbios 6:6-11) (Provérbios 21:5) (2Tessalonicenses 3:10)	Trabalhar e planejar diligentemente e na dependência do Senhor, sem a pressa de ficar rico rapidamente. Se a pessoa não trabalhar, também não deve comer.	
(Provérbios 22:7; Romanos 13:8)	Evitar dinheiro emprestado de outros.	
(Provérbios 22:26,27; 6:1-5; 11:15) (Provérbios 13:11; 21:5; 28:20,22)	Não ser fiador de dívidas. Não correr atrás de "dinheiro fácil".	
(Provérbios 21:17; 23:21a)	Evitar o desperdício em gastos desnecessários (vícios, prazeres etc.).	

(Provérbios 3:9,10)	Honrar o Senhor com as "primícias" da sua renda.	
(Provérbios 11:24-26; 14:21,31; 28:27; 2Coríntios 9:6-11)	Contribuir para aliviar a situação dos pobres ao seu redor.	
(Provérbios 27:23,24; 28:20)	Ser um bom mordomo e fiel naquilo que já adquiriu.	

7. Qual o equilíbrio entre a dependência do Senhor e a diligência no planejamento e no trabalho? (Veja especialmente Salmos 127:1,2.)

_____
_____

Se desejamos prosperar, temos de trabalhar diligentemente, mas na plena dependência daquele que dá oportunidade e força para que possamos cumprir o nosso serviço. Há hora em que temos de dizer "chega" ao trabalho e fugir do ativismo, do materialismo e da avareza, sabendo que Deus há de abençoar nosso esforço dentro do Seu plano.

8. Imagine uma família que tem problemas com indisciplina financeira (gastos desnecessários, dívidas exageradas etc.). Elabore, com o grupo, os passos principais que vocês aconselhariam para que eles saiam dessa situação.

_____
_____

Alguns *experts* em planejamento financeiro familiar sugerem:

1. Anotar e organizar todas as dívidas, conforme as prioridades.
2. Anotar, durante algum tempo, todos os gastos "normais" da família, visando a um controle maior e ao estabelecimento de um plano de gastos familiares.
3. Verificar a renda familiar.
4. Procurar economizar em todas as áreas possíveis.
5. Preparar um orçamento realista que inclua o dízimo, todas as despesas normais e ocasionais, o pagamento organizado das dívidas, poupança etc.

Um pacto familiar pode incluir itens como:

1. Nunca comprar impulsivamente; sempre deixar passar uma semana antes de fazer uma compra acima de R$ _____.
2. Sempre conversar como casal sobre as compras maiores.
3. Sempre comprar à vista, se possível, com desconto.

9. Como grupo, enumerem as categorias que devem ser incluídas num orçamento familiar.

_____
_____
_____

INSPECIONANDO A CONSTRUÇÃO

Se sua família não tem um orçamento ou plano para cuidar de suas finanças, veja a sugestão a seguir.[2]

Plano familiar de gastos

Esse plano representa uma tentativa de:

- Gastar somente o que foi previamente estabelecido.
- Planejar e replanejar, aperfeiçoando constantemente essas contas.

---

[2]Este plano foi adaptado da apostila *Um plano familiar de gastos*, preparada pelo pastor Andy Wallin.

- Como casal, ter o compromisso mútuo de viver dentro do plano que foi elaborado a dois.
- Determinar nunca comprar nada com cartões de crédito, ou seja, enquanto não tiver dinheiro em mãos para pagar "à vista".

Como implementar um plano familiar de gastos:

1. Anotem cuidadosamente os gastos durante pelo menos dois a três meses.

2. Calculem suas despesas fixas e os gastos extras. Se suas despesas fixas consomem toda a sua renda, vocês estão diante de um problema.

3. Como casal, decidam quais as contas (categorias de gastos) que vocês querem abrir. Estejam certos de que a soma de todas as contas não seja maior que sua renda. Designem uma ou mais contas mensais para eliminar quaisquer dívidas que tenham. (Devem orar e ponderar essa decisão de valores e contas com muito cuidado.)

4. Preparem um envelope para cada "conta" do seu orçamento, tendo anotado nele o valor mensal do compromisso a que se refere.

5. Assim que receberem o salário mensal, "depositem" nesses envelopes o valor referente a cada conta. (Não se esqueçam de parcelar pagamentos trimestrais, semestrais ou anuais, para não terem surpresas desagradáveis! Por exemplo, se o IPTU será pago à vista em março, separem mensalmente o suficiente para terem com que pagar aquela conta em março.) Procurem sempre ter o dinheiro "em mãos" — no envelope — para cada conta, antes do seu vencimento.) Se houver necessidade de "tomar emprestado" de um envelope para outro, anotem isso e reponham o dinheiro quanto antes.

6. Prometam, um para o outro, que vão viver dentro de seus limites, que não ultrapassarão suas contas.

7. Nunca comprem nada em prestações (crédito) se vocês não têm o dinheiro em mãos para pagar. Façam ajustes mensais nas contas

até conseguirem um orçamento equilibrado e que dê liberdade financeira à família.

8. Continuem sempre com o sistema de envelopes, ou até que consigam a disciplina de manter o equilíbrio financeiro. (Esse sistema é uma ótima forma de treinar seus filhos em princípios financeiros também!)

Leia o artigo "Quantas contas" (p. 168). Quais os pontos do artigo com que você mais concorda? Quais os pontos dos quais você discorda? Pode apoiar seus pensamentos biblicamente?

_____
_____
_____

Esta semana, faça uma lista de TODAS as suas dívidas, conforme o gráfico a seguir. Inclua TODOS os compromissos financeiros (cartões de crédito, consórcios, compras parceladas etc.). Avaliem juntos a soma de suas dívidas à luz da sua renda mensal. Como está a situação? O que você pode fazer para aliviar a pressão financeira e simplificar a vida de ambos?

Credor	Valor mensal a pagar	Nº de pagamentos	Total de dívida

Comece esta semana a preparar seu "Plano familiar de gastos", caso decidam que este ajudaria a colocar sua vida financeira em ordem.

A CABAMENTO

Um estudo interessante em Provérbios destaca o valor que uma esposa criativa, diligente, hábil e ECONÔMICA traz para o lar. Leia o texto sobre a *mulher virtuosa* (Provérbios 31:10-31) para descobrir como essa pessoa sábia conseguiu abençoar seu lar, sem negligenciar suas outras responsabilidades domésticas. Enumere as principais características da vida financeira dessa mulher, e como isso influenciava seu lar. (Veja especialmente os v. 11, 13, 14, 16, 18, 20, 22, 24, 25 e 27.)

_____
_____
_____

QUANTAS CONTAS

"Como entramos nesta?", perguntou o jovem casal sentado no gabinete do pastor Waldemar. "Não temos mais conversa, não importa qual o assunto, volta e meia estamos discutindo sobre finanças! Mesmo a nossa vida íntima já era. Há esperança para nós, pastor?" Jairo e Marlene realmente se amavam. Mas estavam a ponto de se separar depois de menos de três anos de casamento. Como tantos outros casais, foram prisioneiros de guerra dos próprios impulsos cobiçosos. Sua desordem financeira se tornou um verdadeiro campo de concentração que estava torturando a vida do lar.

Uma estratégia proverbiana

Será que há esperança para Jairo e Marlene, assim como para tantos casais que se encontram na mesma situação? Graças a Deus, a resposta é "SIM"! Crise financeira não é novidade para Deus, que há muito tempo traçou para Seu povo um plano econômico sábio, equilibrado e provado pela experiência. O verdadeiro "Plano real" encontra-se no livro de sabedoria: Provérbios. Prepare-se! Para alcançar o equilíbrio financeiro, teremos de nos submeter a medidas radicais, muitas vezes contrárias ao bombardeio materialista e secular dos nossos dias.

Conforme o livro de Provérbios, para obtermos liberdade financeira, teremos de declarar guerra às forças hostis que atacam o lar. São poucos os casais que não lutam com questões financeiras. Todos nós somos vítimas dos ladrões da inflação, desvalorização e crise financeira que nos assaltam diariamente. Será que esses bandidos são os mais culpados por nosso desequilíbrio financeiro? Ou será que nossa indisciplina tem colocado o maior furo no nosso "saco bancário"?

Guerra contra a mídia

"Leve agora, pague depois!", "Você merece o melhor!", "Somente em cinco suaves prestações!", "Satisfação garantida ou seu dinheiro de volta!" Estes lances já feriram inúmeros lares. Outros foram destruídos pela dívida resultante de compras impulsivas.

Como podemos nos defender desses mísseis materialistas da mídia? Eis algumas sugestões práticas:

1. Avaliar criticamente, como família, a propaganda e outros comerciais que vemos e ouvimos. Fazer algumas perguntas-chave: "É verdade?", "Realmente precisamos disso?", "Será que é o melhor produto no mercado?", "Estamos sendo enganados?"
2. Decidir não fazer nenhuma compra sem primeiro comparar o mesmo produto em pelo menos dois outros lugares.
3. Procurar produtos comuns ou genéricos, que muitas vezes custam a metade do que a marca ou "grife" conhecida.

Enquanto há pouco que podemos fazer para melhorar a situação financeira do país, há muitas possibilidades para consertar o próprio coração. O livro de Provérbios revela alguns dos "furos" no saco familiar que desequilibram as finanças da família:

1. **Cobiça.** Não fosse a natureza humana, cobiçosa e materialista, não haveria nenhum problema com o bombardeio comercial da mídia. O problema principal não está na mídia. A natureza do homem leva-o a desejar cada vez mais coisas. Ele, porém, não fica realmente satisfeito com elas. Provérbios diz: *A Sepultura e a Destruição nunca se fartam, e os olhos do homem nunca se satisfazem* (27:20). *O invejoso corre atrás das riquezas e não sabe que a miséria o aguarda* (28:22).

    A família cristã terá de erguer uma defesa formidável para não ser atingida por esses apelos à sua natureza materialista. Algumas sugestões práticas que constituem um "pacto pela defesa financeira familiar" incluem:

    - Estabelecer um orçamento familiar que identifique as saídas mensais e que permita compras especiais ocasionais — e planejadas (Provérbios 21:5). Sugerimos que a família analise todos os seus gastos durante três meses para descobrir os furos no orçamento familiar.

    - Evitar toda e qualquer forma de dívida (Provérbios 22:7). Isso pode incluir o uso indevido de cartões de crédito, participação em alguns consórcios, fiança (cf. Provérbios 22:26,27) e negócios especulativos (cf. Provérbios 28:20; 12:11; 13:11).

    - Decidir como a família deve viver com aquilo que Deus já providenciou, e não com o que espera ganhar. (Às vezes, é difícil discernir entre "fé" e "presunção"; basta dizer que a fé crê que Deus é capaz de satisfazer a família com aquilo que **tem**, e não com o que deseja adquirir.)

    - Evitar os pagamentos parcelados, em prestações, que cobram juros. Mesmo as prestações sem juros podem ser prejudiciais se a família não conseguir realizar o pagamento. Provavelmente, você conseguirá o mesmo produto mais barato em outro lugar pagando "à vista". Quem paga é o consumidor.

    - Cultivar, no lar, uma atmosfera de gratidão e contentamento pelo que têm. Promover cultos de consagração quando

Deus supre uma necessidade ou permite uma compra especial. Desenvolver alvos missionários como família, visando aliviar as necessidades de pessoas carentes e visitá-las (Provérbios 3:9,10; 11:24,26; 19:17). Uma dose sadia da "realidade" em que muitos vivem fará muito para diluir sua cobiça!

2. **Dívida.** O segundo furo no saco familiar são as dívidas. Qualquer empréstimo que comprometa as finanças do futuro da família leva à escravidão: *O rico domina sobre os pobres, e o que toma emprestado é servo do que empresta* (Provérbios 22:7). A dívida é uma tesoura que rasga o saco financeiro. A sociedade nos seduz para cairmos nesta armadilha: cartões de crédito, cheques especiais, consórcios, pagamentos parcelados (com ou sem juros) e muitas outras coisas. Não que o uso desses recursos constitua pecado. O perigo é gastar agora o que se **pretende** ganhar amanhã. E o saco rasga mais um pouco.

Em Provérbios, pior que a dívida pessoal, a fiança constitui uma espécie de dívida importada. O fiador compromete-se pela dívida de terceiros, como, por exemplo, na compra ou no aluguel de um apartamento ou carro, ou no início de um novo negócio que exige empréstimos. Provérbios diz: *Não estejas entre os que se comprometem e ficam como fiadores de dívidas. Se não tens com que pagar, por que deixarias levarem a cama onde te deitas?* (22:26,27).

3. **Vícios.** Quando pensamos em vícios, imaginamos bebida alcoólica, drogas e cigarro, que, sem dúvida, causam muita miséria. Outros vícios "inocentes", porém, são como "teias de aranha" que capturam famílias desatentas. Refeições fora, visitas à sorveteria, compra de salgadinhos e de refrigerantes, cinema, DVD's e *video games* e viagens desnecessárias de carro são "aranhas" que podem sugar a vida do orçamento familiar. O livro de Provérbios diz: *Quem ama os prazeres empobrecerá; quem ama o vinho e o azeite nunca enriquecerá* (21:17).

4. **Especulação.** Conforme Provérbios, o segundo passo em direção à miséria é a especulação com seu dinheiro. ... *quem segue*

o preguiçoso não tem entendimento (12:11). *Os planos do diligente conduzem à fartura, mas muita precipitação leva à pobreza* (21:5). *O invejoso corre atrás das riquezas e não sabe que a miséria o aguarda* (28:22). O desejo de ficar rico sem esforço leva muitos à especulação. Historicamente, os efeitos coletivos de especulação numa sociedade são desastrosos.

Para o indivíduo e a família, há muitas oportunidades financeiras que podem ou não constituir especulação: jogos de loteria, raspadinhas, bolsa de valores, câmbio de moedas estrangeiras, compra e venda de veículos e de imóveis, assim como aventuras "garantidas" em negócios duvidosos. Nem todos têm a segurança financeira para poder se arriscar nesses negócios sem romper o próprio bolso econômico.

5. **Desperdício.** Outro "buraco negro" no orçamento é o desperdício — a falta de cuidado e mordomia dos bens. O livro de Provérbios aconselha: *Procura saber do estado das tuas ovelhas e cuida bem dos teus rebanhos; porque as riquezas não duram para sempre, nem a coroa se mantém de geração em geração* (27:23,24). Em outras palavras, cuide dos bens que tem, ou chegará a perdê-los! Em nossos dias, isso talvez signifique consertar um cano furado antes que estrague a parede; apagar as luzes quando sair da sala; trocar o óleo e os filtros do motor do carro; escovar os dentes depois de cada refeição; manter a saúde por meio do exercício físico e do sono adequado; não jogar fora a comida que sobra; planejar bem as compras para não fazer múltiplas viagens ao supermercado; tomar banhos mais breves (mas eficientes!); usar o telefone celular dentro dos limites do seu plano; comparar os preços e evitar "grifes" caras; ficar de olhos abertos para as liquidações e ofertas por "atacado". O saco fica sem fundo quando desperdiçamos o que Deus nos confiou e quando tentamos viver acima das nossas condições.

6. **Egoísmo.** Parece um paradoxo, mas o livro de Provérbios deixa claro que perdemos quando nos agarramos aos nossos bens, mas ganhamos quando abrimos mão deles e contribuímos com

os outros. Em primeiro lugar, temos de reconhecer que tudo o que temos vem da boa mão do Senhor (Provérbios 3:5,6). Por isso, honramos o Senhor com as primícias de toda a nossa renda (3:9,10). O egoísta esquece-se da atuação soberana de Deus em suas finanças. O vento espalha o que ele tem e o distribui aos pobres.

Em segundo lugar, o justo procura informar-se sobre as necessidades dos pobres ao seu redor e faz tudo o que pode para socorrê-los. *O que distribui com generosidade enriquece; o outro, que retém mais do que é justo, empobrece* (11:24). *Quem dá ao pobre não terá falta, mas quem fecha os olhos para isso terá muitas maldições* (28:27). O egoísmo significa um grande rombo no saco!

Conclusão

O remédio prescrito para Jairo e Marlene pelo pastor Waldemar foi radical, mas foi a melhor maneira de salvar seu casamento. Ele recomendou alguns passos básicos: destruir os cartões de crédito, fazer um orçamento "vaca magra", vender as posses supérfluas e aplicar cada centavo que sobrava depois dos gastos normais mensais na redução da dívida familiar. Além disso, precisavam mudar alguns hábitos de consumo. O resultado valeu a pena. Depois de dois anos, o casal havia derrotado o inimigo denominado "caos financeiro". Pela primeira vez no seu casamento, experimentavam a liberdade de não serem prisioneiros de dívida. Inclusive, já haviam encomendado um bebê — à vista, é claro!

LIÇÃO 13

O propósito de Deus para o sexo

> PRINCÍPIO DE CONSTRUÇÃO
>
> *Quando o casal segue o plano de Deus, e não o do inimigo, para o sexo, experimenta a plenitude e pureza do relacionamento conjugal.*

■ Objetivos do estudo

Como resultado deste estudo, os membros do grupo devem ser capazes de:

- Identificar alguns dos propósitos que Deus tem para o relacionamento sexual do casal.
- Reconhecer algumas das estratégias do inimigo, Satanás, para estragar o plano de Deus e perverter a nossa sexualidade.
- Refletir sobre as "paredes de proteção" do plano divino para a sexualidade.
- Estabelecer alguns padrões de altruísmo em que cada um pensa em primeiro lugar na satisfação e no prazer do outro.

Sugestões:

Por se tratar de tema sensível e às vezes polêmico, tome cuidado para não baratear o assunto com piadas inapropriadas ou que tragam constrangimento aos membros do grupo presentes. Ninguém deve compartilhar algo que possa envergonhar outro membro do grupo.

Terraplenagem

Recordes dos casais

- **Material necessário:** Uma ficha adaptada do modelo dado a seguir, com categorias de "recordes" a serem preenchidos pelos elementos do grupo. Providencie pequenos prêmios para aqueles que forem recordistas no questionário.
- **Procedimento:** Todos devem receber a ficha de "recordes". Procure preencher os espaços com o nome do casal ou do indivíduo que acredita ser o "recordista" em cada categoria. Pode pesquisar entre as pessoas presentes, entrevistando-as para descobrir aqueles que superam os outros nas categorias da ficha. Você pode dar um prêmio para os mais citados.

Ficha dos casais recordistas

1. O casal casado há mais tempo: _____
   Há quantos anos? _____

2. O casal que se casou mais jovem: _____
   Soma da idade que tinham quando se casaram: _____

3. O casal com mais filhos: _____
   Quantos? _____

4. Dois casais com datas de aniversário de casamento mais próximas: _____ Data: _____
   _____ Data: _____

5. O casal que se casou com mais idade: _____
   Soma da idade que tinham quando se casaram: _____

6. O casal casado por menos tempo: _____
   Quanto tempo? _____

7. O casal que ficou noivo por mais tempo antes de se casar: _____

   Por quanto tempo? _____

8. O casal que celebrou mais recentemente o aniversário de casamento: _____
   Data: _____

9. O casal com mais netos/bisnetos: _____
   Quantos? _____

10. O casal que passou a lua de mel em lugar mais distante de onde o grupo está agora: _____
    Onde? _____

FIRMANDO ALICERCES

1. Compartilhem suas reações depois de ler o artigo "Quantas contas" (p. 178). Vocês conhecem alguma história semelhante à de Jairo e Marlene? O que ajudou o casal a encontrar liberdade financeira?

   _____
   _____
   _____

2. Durante esta semana, alguém ficou atento às propagandas falsas, enganosas, que apelam para o egoísmo e para a cobiça do homem? Quais as técnicas usadas pela mídia?

   _____
   _____
   _____

3. Nesta semana, alguém elaborou e deu início a um "Plano familiar de gastos"? Houve alguma surpresa? Alguma dificuldade?

   _____
   _____

ERGUENDO PAREDES

Como em todas as áreas da nossa vida, o objetivo final do sexo é a glória de Deus (Colossenses 3:23). O relacionamento sexual não é um fim em si mesmo (como o mundo gostaria que acreditássemos). A "sexomania" e "sexolatria" dos nossos dias representam um perigo, um desvio perigoso para os filhos de Deus.

O sexo tem um papel estratégico no nosso mundo. Quando praticado dentro dos padrões e propósitos estabelecidos por Deus, leva à realização, à santidade e à glória de Deus. Quando pervertido pelo inimigo, leva a vidas arruinadas, à culpa, ao ressentimento e até à morte.

Como criado por Deus, o sexo é muito bom; um dos melhores presentes que Deus nos deu. No entanto, o sexo é também poderoso e potencialmente perigoso quando praticado fora do plano de Deus. Tudo isso parece ser "bobagem" para o mundo, que deseja o sexo livre, irresponsável, egoísta e sem compromisso. Para exercermos o sexo conforme o plano de Deus, teremos de nadar contra uma correnteza muito forte.

1. Como você descreveria o clima sexual em que vivemos? Pense em termos dos desafios, das tensões, do bombardeio sexual que enfrentamos todos os dias.

_____

_____

_____

O sexo é criação divina. O plano de Deus é perfeito. Você pode ter certeza de que Ele tem um plano para o relacionamento sexual.

2. Conforme Gênesis 1:27, o casal unido pelos laços do matrimônio reflete aspectos da imagem de Deus em Seu relacionamento. Leia Gênesis 2:24. Quais os elementos no texto que PRECEDEM a frase *e eles serão uma só carne*?

_____

_____

Como já vimos, "deixar pai e mãe" é uma referência à exclusividade do relacionamento a dois, que não admite terceiros. ... *e se unirá à sua mulher* é uma referência à aliança e ao compromisso mútuo de fidelidade conjugal. A ordem bíblica insiste em "deixar" e "unir" ANTES de consumar o relacionamento físico. Veja Hebreus 13:4 e 1Tessalonicenses 4:3-8.

O padrão divino é que o relacionamento íntimo REFLITA ASPECTOS DA IMAGEM DE DEUS NO CASAL. Conforme Gênesis 1:28, esse relacionamento pode resultar também na REPRODUÇÃO de novos seres humanos, feitos à imagem dos pais (v. Gênesis 5:1-3) e à imagem de Deus!

Nosso inimigo, Satanás, tem um plano para nossa sexualidade, um plano oposto aos propósitos estabelecidos por Deus. Como sempre, ele procura transformar o que é bom, um dom de Deus, em algo que estraga a vida e desonra o Criador. Sabendo que seus dias são limitados (Apocalipse 12:12), hoje ele concentra seus ataques em áreas estratégicas, que provocam o maior dano à causa de Cristo. Aberrações sexuais representam uma forma rápida de sujar a imagem de Deus no homem.

O padrão diabólico procura poluir a beleza do relacionamento conjugal, um reflexo da imagem de Deus (Gênesis 1:27). Inverte a ordem bíblica (Gênesis 2:24; Hebreus 13:4), colocando o relacionamento íntimo entre duas pessoas em primeiro lugar — um alicerce frágil demais para se construir uma vida sobre ele. Finalmente, em vez de procriação de novas imagens de Deus, promove abortos e outras aberrações que estragam ou destroem a imagem divina.

3. **Leia Provérbios 5:7-23.** Que aplicações práticas derivadas desse texto facilitariam ao casal acertar o propósito de Deus para sua vida sexual? Que outras sugestões práticas ajudariam o casal a fugir do adultério?

   _____
   _____
   _____

À luz do texto, devemos:

- Fugir da imoralidade (v. 8).
- Ouvir a instrução dos pais e ensinar os filhos (v. 7,20).
- Reconhecer a realidade da tentação sexual e os resultados desastrosos da promiscuidade (v. 9-13).
- Achar satisfação e alegria na exclusividade do sexo matrimonial (v. 15-19).
- Andar na presença de Deus, lembrando-nos da Sua onipresença (v. 21).

4. Leia 1Coríntios 7:3-5. Qual a advertência que Paulo faz e qual o perigo que mostra no sentido de regular o relacionamento sexual do casal unido pelos laços do matrimônio?

_____
_____
_____

5. Alguns cônjuges têm usado o versículo 4 para justificar "sexo sob demanda", a qualquer hora, a qualquer momento. Entretanto, eles se esquecem do fato de a ênfase do texto estar na mutualidade da intimidade — que cada um esteja pensando no bem do outro e usando (ou não usando!) seu corpo da maneira que mais agrade o cônjuge. Quais as implicações disso para o relacionamento conjugal?

_____
_____
_____

Tanto a mulher quanto o homem devem ser sensíveis às necessidades e aos desejos do outro. Às vezes, significa que a esposa se entregará ao marido mesmo quando não está "a fim disso", e outras vezes, que o marido não insistirá numa relação sexual a bem da sua esposa, e vice-versa.

O corpo de cada um pertence ao outro. Em outras palavras, o amor bíblico não pensa primeiramente no próprio prazer, mas no prazer do outro. Cada cônjuge deve "se perder" na procura da alegria e realização do outro. Pela graça de Deus, esse "outrocentrismo", característica fundamental do cristianismo e da vida de Cristo em nós (Filipenses 2:1-8), tem a própria recompensa. Quando visamos ao prazer do outro, muitas vezes somos agraciados com nossa satisfação sexual.

A privação da intimidade conjugal pode levar à tentação satânica, incluindo imoralidade, pensamentos impuros e um desvio do propósito de servir, de corpo e alma, ao reino de Deus. Note as condições bem específicas no versículo 5 para que o casal experimente um período de abstinência sexual:

- Consentimento mútuo.
- Tempo limitado (a expressão *algum tempo* traz a ideia de um período de tempo com começo e fim bem definidos).
- Propósito "espiritual", isto é, dedicação maior à comunhão com Deus (oração).
- Recomeço da intimidade conjugal.

6. À luz desse texto, avaliem as situações a seguir, em que o relacionamento sexual do casal poderia ser afetado. Quais delas são permissíveis? Quais delas não são permissíveis? Quais as que geram dúvida? Como lidar com cada uma? (Obviamente, diversas respostas são possíveis para cada uma dessas questões; estejam certos de que seus argumentos são baseados no texto bíblico, e não na experiência pessoal, muito menos no seu "achômetro".)

    a. O marido (engenheiro) é convocado para construir estradas novas em Angola e ficará longe da família por dois anos, mas com um aumento salarial significativo.

_____
_____
_____
_____

b. A esposa (enfermeira) ofereceu-se como voluntária para participar de uma viagem missionária pelo interior durante três semanas.

c. A esposa perdeu o pai num acidente trágico e pede ao marido um tempo sem sexo para se recuperar da perda.

d. Nasceu o primeiro filho do casal, e a esposa diz que tem "trauma" do ato sexual.

e. Marido e esposa trabalham longas horas, e ambos parecem ter perdido o interesse pela relação conjugal.

7. Alguns casais usam o sexo como "arma". Como o apóstolo Paulo, em 1Coríntios 7:3-5, avaliaria essa prática?

Quem usa essa "arma" está dando um tiro no próprio pé! Somos membros do mesmo corpo. Baratear o sexo dessa forma significa prostituir um dom de Deus para fins egoístas.

Conclusão

No plano de Deus, o sexo exige trabalho e esforço de ambos — marido e esposa —, e não egoísmo, em que cada um busca seus "direitos", seu prazer. Cada um precisa conhecer e ser sensível ao seu cônjuge.

O marido precisa "viver a vida comum do lar" e "tratar a esposa com entendimento" (v. 1Pedro 3:7), sendo sensível a ela o dia todo (e não somente quando apagam as luzes). Se ele não "estudar" sua esposa, o que ela gosta e não gosta, como ela quer ser tratada, dificilmente o casal atingirá a satisfação mútua na vida sexual.

Ao mesmo tempo, a esposa precisa entender as lutas que o marido enfrenta na área sexual e trabalhar para ajudá-lo a manter uma vida pura. Quando ambos têm em mente o propósito de Deus para o sexo, quando estão cientes dos perigos que os cercam, estão prontos para uma vida sexual abençoada por Deus pela Sua graça e para Sua glória.

INSPECIONANDO A CONSTRUÇÃO

1. Leia o artigo "O propósito de Deus para o relacionamento sexual" (p. 183).

2. Se for possível, saia esta semana com seu cônjuge para um jantar romântico; conversem sobre a saúde da sua vida sexual à luz dos propósitos de Deus.

3. À luz desta lição, existem algumas áreas em seu relacionamento que deixam a desejar? A comunicação talvez seja a melhor maneira de resolver mal-entendidos. Que tal abrir o coração, um com o outro, sobre suas necessidades, frustrações, medos e problemas nessa área? Se for necessário, peça a ajuda de um conselheiro respeitado.

Acabamento

Leia Provérbios 5. Faça uma lista dos versículos que falam sobre:

a. A realidade da tentação sexual.

_____
_____
_____

b. Os resultados da tentação sexual.

_____
_____
_____

c. A resposta que devemos dar à tentação sexual.

_____
_____
_____

Leia Efésios 5:3-7. Nesse texto, quase todos os termos usados têm uma conotação sexual. Estude esses cinco versículos, refletindo sobre o contexto atual e as maneiras pelas quais somos tentados a ferir princípios bíblicos sobre uma conversa pura na área sexual.

O PROPÓSITO DE DEUS PARA O RELACIONAMENTO SEXUAL

Seria difícil achar um assunto mais polêmico do que "sexo". Para alguns, "sexo" é um palavrão. Quanto menos se falar nisso, melhor. Essa "sexofobia" leva a atitudes nada saudáveis quanto à área. Para outros, a palavra "sexo" atrai como ímã: o melhor é colocá-la na capa de uma revista ou em luzes de néon para chamar a atenção de todos ao redor. A nossa cultura virou "sexomaníaca": uma cultura preocupada com assuntos sexuais e absorvida por eles.

O sexo também gera controvérsias em círculos religiosos. Em algumas religiões, o sexo se justifica somente pela reprodução da espécie, como se fosse algo "sujo" fora desses propósitos. Historicamente, seitas e religiões pagãs têm feito do sexo uma parte integral de adoração aos deuses ou a um líder carismático. Apesar da sua teologia geralmente sã com respeito ao sexo, a igreja evangélica tem sofrido golpe após golpe contra seu testemunho, justamente por causa da promiscuidade e imoralidade de alguns de seus líderes.

À luz dessa polêmica e de tanta confusão sobre o relacionamento sexual, cabe uma reflexão séria e bíblica a respeito do assunto. O que a Bíblia ensina sobre o sexo? Especificamente, qual o seu propósito, e qual deve ser a atitude do cristão com respeito à sua sexualidade? Existem pelo menos quatro razões bíblicas para o sexo:

1. **O sexo existe para refletir aspectos da imagem de Deus no ser humano.** *E Deus criou o homem à sua imagem; à imagem de Deus o criou; HOMEM E MULHER OS CRIOU* (Gênesis 1:27). "Homem e mulher os criou" (à imagem de Deus) significa que o casal como tal revela aspectos profundos sobre a pessoa de Deus. O casal espelha unidade na diversidade, assim como vemos na Trindade, em que há três pessoas distintas, com funções diferentes, mas em total harmonia. O casal também reflete a imagem de Deus por meio da intimidade de seu relacionamento. Há aspectos da personalidade de Deus, Seus atributos, que são vistos somente em comunidade, tais como o amor incondicional, a bondade, a longanimidade e a misericórdia. Deus criou o casal e lhe deu o sexo como forma de demonstrar essa união de "dois em um" com amor incondicional.

Por essa razão, Deus odeia as aberrações sexuais: fogem do seu plano, sujam o "espelho" do casal e distorcem a imagem divina aqui na terra! A união sexual é algo misterioso, metafísico (que vai além do físico), pois toca no centro do nosso ser, na essência da nossa existência, e revela verdades espirituais. O plano de Deus permite que duas pessoas do sexo oposto, unidas por uma aliança, unam-se fisicamente para refletir a unidade na diversidade e o amor mútuo da Trindade. Qualquer relacionamento sexual que não seja entre um homem e uma mulher unidos pelos laços do matrimônio foge desse plano bíblico. A homossexualidade (unidade sem diversidade), a fornicação (unidade sem aliança), a pornografia (exploração e barateamento), o "ficar" (exploração sem compromisso) e a bestialidade (diversidade sem unidade) são todos aberrações que pervertem a imagem de Deus e Seu plano para nossa sexualidade. Não é que Deus queira acabar com a "festa". Ele zela pela Sua imagem e pelo bem do homem e da mulher.

2. **O sexo existe para promover intimidade total (conhecimento mútuo) entre duas pessoas.** Não é por acaso que o texto bíblico se refere ao sexo quando diz que *Adão CONHECEU INTIMAMENTE Eva, sua mulher; ela engravidou...* (Gênesis 4:1; cf. v. 25). Infelizmente, algumas versões bíblicas, como a Almeida Revista e Atualizada, traduziram esse eufemismo pelo termo "coabitou", perdendo, dessa forma, a riqueza da palavra "conheceu". A relação sexual é um momento em que duas pessoas se abrem uma para a outra, tornando-se vulneráveis, mas ao mesmo tempo dando continuidade a um processo de compreensão mútua, sem a qual o ato sexual se reduz a comportamento meramente animal.

Ao mesmo tempo, como muitos casais podem testemunhar, o bom andamento da vida sexual do casal exige um conhecimento e sensibilidade mútuos cada vez maiores. Muito mais do que um ato bestial e biológico, o sexo verdadeiro, aos olhos de Deus, é uma experiência que exige conhecimento íntimo e que gera conhecimento mútuo. Por essa razão, para o casal, o sexo deve crescer em significado e profundidade ao longo do casamento. Ele não se torna monótono ou cansativo, como alguns vendedores de sexo ilícito querem que acreditemos.

O "sexo livre" realmente barateia esse aspecto da união física entre duas pessoas. Em vez de conhecimento mútuo e intimidade profunda, encontramos falsidade, hipocrisia, exploração e prostituição, produtos de um ato sexual animal, que não significa muito mais do que o coito. Esse é o problema também em relação ao contato físico precoce entre dois jovens, seja no "ficar", seja no namoro descuidado. Deus criou o homem e a mulher de tal forma que, na escada de intimidade física, cada degrau leva ao próximo. Intimidade física entre duas pessoas certamente tem seu lugar: no casamento (Hebreus 13:4). Subir a escada de intimidade física de forma precoce, antes de fazer uma aliança, leva a uma destas duas consequências: fornicação ou frustração. Isso porque Deus é quem fez a atração física. Dar um curto-circuito no processo frustra; avançar até o topo perverte o propósito do sexo. Em ambos os casos, o melhor remédio é abster-se de intimidades físicas até o casamento.

Com frequência, pessoas perguntam sobre assuntos sensíveis na área de práticas sexuais, como o sexo oral. Cabe aqui um breve comentário a respeito desse e de outros assuntos relacionados.

A Bíblia não fala diretamente sobre práticas sexuais "alternativas", mas oferece alguns princípios muito importantes sobre a mutualidade do relacionamento sexual, enfatizando o princípio do OUTROCENTRISMO na relação sexual (1Coríntios 7:1-5). O foco de cada pessoa deve ser agradar o outro, e não a si mesmo. Qualquer atividade sexual que não seja MUTUAMENTE desejável, ou pelo menos aceitável, deve ser evitada. Embora existam exceções, muitas vezes o sexo oral é humilhante e repugnante para a mulher, mas, mesmo assim, alguns maridos insistem nisso. Outro princípio bíblico relacionado ao assunto trata da naturalidade e normalidade da intimidade conjugal. Em Romanos 1:24-27, Paulo condena aqueles que mudam o modo "natural" ou "normal" das relações íntimas para práticas "alternativas" de sexo, principalmente atos homossexuais. Surge uma preocupação quando o casal anda em direção a atividades sexuais que PODERIAM ser praticadas entre duas pessoas do mesmo sexo. Parece ser um passo na direção errada.

Finalmente, é preciso levantar a pergunta sobre a fonte de onde vêm as ideias para algumas práticas sexuais exóticas. Embora exista plena liberdade sexual entre o casal, dentro dos parâmetros bíblicos esboçados, tememos que a importação de práticas sexuais estranhas às Escrituras tenha sua origem em fontes questionáveis, pornográficas etc.

No plano de Deus, o sexo constitui para dois dos seus filhos, criados à Sua imagem, uma oportunidade para refletir a Sua glória, para procriar novas imagens e para desfrutar do prazer que Deus, como um bom Pai, criou para eles. Cabe a nós proteger a santidade e a beleza do sexo dentro do casamento.

3. **O sexo existe para a procriação de novas imagens de Deus e do casal.** Infelizmente, no decorrer dos séculos, alguns têm limitado o propósito do sexo à reprodução da espécie. Embora a procriação não seja o **único** propósito para o sexo, certamente é **um** propósito. É interessante que o primeiro mandamento na Bíblia tem a ver com o sexo e a reprodução: *Frutificai e multiplicai-vos; enchei a terra e sujeitai-a...* (Gênesis 1:28). Precisamos valorizar o significado teológico por trás dessa ordem. Deus queria que a imagem dele, **espelhada** no homem e na mulher, fosse **espalhada** pelo mundo inteiro! Antes da queda, a união de Adão e Eva teria reproduzido pequenos espelhos da imagem de Deus. Depois da queda, a imagem ainda se vê, mas agora de forma ofuscada. Somente em Cristo Jesus é que essa imagem pode ser resgatada, e o homem, feito uma "nova criatura". Por isso, a experiência sexual de um casal de cristãos, redimidos pelo sangue de Jesus e que vivem em comunhão com Deus e um com o outro, deve ultrapassar em muito a imitação pobre oferecida pelo mundo. Este é o plano de Deus!

Nesse mesmo plano maravilhoso, como se o prazer da intimidade sexual em si não fosse suficiente, Deus acrescenta: ele permite que filhos, feitos não somente à imagem de Deus, mas à imagem do casal, nasçam! Servem para sempre como lembrança da aliança e do amor dos pais: *No dia em que Deus criou o homem, ele o fez à semelhança de Deus. Criou o homem e a mulher; e os abençoou, e os chamou pelo nome de Homem, no dia em que foram criados. Adão viveu cento e trinta anos e gerou um filho à sua semelhança, conforme sua imagem, e pôs-lhe o nome de Sete* (Gênesis 5:1-3). Do ponto de vista divino, a procriação de novas imagens de Deus e novas imagens dos pais é um dos propósitos mais sublimes do sexo.

4. O sexo existe para o prazer e a satisfação de desejos profundos do ser humano. Quando Adão foi criado, Deus lhe deu a tarefa de dar nomes aos animais. Sozinho, ele completou a tarefa, que lhe mostrou um fato assustador: depois de todos os animais terem desfilado diante do homem, ele percebeu que todos tinham seu par; *mas não se achava uma ajudadora adequada para o homem* (Gênesis 2:20). Por isso é que Deus falara: *Não é bom que o homem esteja só* (2:18). É interessante notar que o homem não estava literalmente sozinho. Havia cachorros e gatos no jardim do Éden. Ali, o próprio Deus andava com o homem. Esses relacionamentos verticais, porém, não eram suficientes para cumprir o propósito divino de o homem refletir a imagem de Deus num relacionamento horizontal de "dois em um". Os seres que, até então, habitavam o Éden não conseguiam atender aos desejos profundos de um relacionamento de companheirismo. O homem precisava de alguém semelhante a ele para poder cumprir a ordem de Deus (cuidar do jardim e guardá-lo — Gênesis 2:15). Não era bom que ele tentasse realizar a tarefa sem auxílio. Por isso, Deus deu ao homem alguém que fazia parte dele, para desfrutar da intimidade e da comunhão com ele, satisfazendo, desse modo, os seus desejos mais profundos e permitindo que os dois refletissem a glória de Deus na sua intimidade e por meio do trabalho em conjunto. O ato sexual é a consumação da satisfação e do prazer dessa comunhão.

Provérbios 5 aconselha o casal unido pelos laços do matrimônio a procurar essa satisfação mútua como forma de evitar a imoralidade: *Bebe a água da tua própria cisterna, das correntes do teu poço.* [...] *Sejam somente para ti, e não divididos com estranhos. Que teu manancial seja bendito. Alegra-te com a esposa que tens desde a mocidade. Como corça amorosa e gazela graciosa, que os seios de tua esposa sempre te saciem e que te sintas sempre embriagado pelo seu amor* (Provérbios 5:17-19). O livro de Cântico dos Cânticos foi escrito para exaltar a beleza do amor romântico e sexual dentro do plano matrimonial de Deus. Esses textos certamente desmentem a ideia de que o sexo por prazer está fora da vontade de Deus!

O Novo Testamento ecoa esse aspecto de satisfação sexual mútua no casamento. O apóstolo Paulo enumera desejos sexuais como uma das principais razões para que as pessoas se casem — *é melhor casar do que arder de paixão* (1Coríntios 7:9). Adverte, também, os casais de não se absterem por muito tempo da união sexual — *para que Satanás não vos tente por causa da vossa falta de controle* (7:5). O ponto não é o sexo em si, mas uma vida livre de preocupações sexuais, para que se possa servir melhor ao reino de Deus. Por isso, Paulo declara que o solteiro que tem seus impulsos sexuais sob controle está mais livre para servir ao reino em tempo integral. Aqueles (a maioria?), porém, que não têm esse "dom" devem se casar para poderem focalizar seus esforços no serviço do Rei, sem desvios e tentações imorais.

Apesar de toda essa beleza no propósito de Deus para a sexualidade, temos de admitir que o sexo não é tudo na vida do cristão. Infelizmente, nosso inimigo, *que engana* todo o mundo (Apocalipse 12:9), tem alcançado suas maiores vitórias contra a igreja de Jesus Cristo justamente nesse ponto. Temos engolido as propagandas, as revistas, as novelas e as piadas sujas que o mundo faz circular, baratando uma das mais sublimes e belas criações de Deus. O sexo tem seu lugar, mas não ocupa todos os lugares! Devemos louvar a Deus pela Sua sabedoria e bondade por ter criado o sexo. No entanto, é preciso manter o equilíbrio, não sendo nem sexofóbico nem sexomaníaco. Vamos louvar o Criador, e não a sua criação, buscando *primeiro o seu reino e a sua justiça...* (Mateus 6:33).

LIÇÃO 14

O papel do marido

┌───── Princípio de construção
│ *Deus chama o homem para ser o líder-servo do lar,*
│ *para amar sua esposa como Cristo amou a igreja e*
│ *tratá-la com dignidade e honra.*

- **Objetivos do estudo**

Como resultado deste estudo, os membros do grupo devem ser capazes de:

- Definir o amor bíblico em contraste com o "amor" cultural.
- Avaliar a si mesmos (os maridos) em termos do padrão bíblico de amor sacrificial no lar.
- Sentir-se incentivadas (as esposas) a apoiar o marido no desempenho da sua responsabilidade de amar.
- Identificar as responsabilidades principais do marido no casamento.

Sugestões:

1. Pense na possibilidade de dividir o grupo em equipes de três ou quatro pessoas, pedindo que cada uma estude um bloco de textos do gráfico que compõe a parte principal desta lição. Depois de um tempo determinado, peça que cada equipe compartilhe os resultados do seu estudo e as aplicações práticas que descobriu nos textos.

2. Se decidirem usar a atividade "Mulheres felizes", peça que algumas das mulheres do grupo compartilhem o que o marido tem feito para mostrar seu amor sacrificial.

3. Como líder, você pode providenciar algumas gravações de músicas populares que descrevem o amor em termos de emoção e de paixão. Pode tocar partes dessas músicas para serem avaliadas pelo grupo no início do estudo.

TERRAPLENAGEM

Opção 1: Mulheres felizes

- MATERIAL NECESSÁRIO: Fichas preparadas conforme o modelo a seguir; canetas.

- PROCEDIMENTO: Peça que as mulheres do grupo preencham a declaração de gratidão por seu marido conforme o modelo a seguir:

> *Sou grata a Deus pela maneira com que meu marido me ama sacrificialmente quando ele _____*

As declarações devem ser lidas num momento oportuno no decorrer do estudo. Servirão para ilustrar maneiras práticas pelas quais os homens podem expressar o amor sacrificial por sua esposa.

Opção 2: Jogo dos noivos

- MATERIAL NECESSÁRIO: Folhas de papel; três pincéis atômicos; prêmio.

- PROCEDIMENTO: Escolha três casais do grupo — por exemplo, o casal com mais tempo de casado, o casal com menos tempo de casado e o casal com o maior número de filhos. As três esposas sairão da sala. Enquanto elas estão fora, faça três perguntas valendo 10 pontos cada e uma pergunta valendo 25 pontos, direcionadas aos maridos que integram esses três casais. Eles devem anotar, de maneira rápida, as respostas para essas perguntas, escrevendo uma em cada folha de papel e tratando de escondê-las. As perguntas podem ser:

1. Segundo sua esposa, qual foi o melhor passeio que vocês dois já fizeram?
2. Qual a cor predileta de sua esposa?
3. O que sua esposa considera ser a maior dor (física) para ela hoje?
4. (25 pontos) Qual o "ato de serviço" prestado por você, o marido, e que pode ser considerado o mais apreciado por sua esposa?

Assim que os maridos terminarem de responder a essas perguntas, as esposas devem voltar à sala, sentando-se cada uma em uma cadeira, tendo o marido em pé, atrás dela. As perguntas são repetidas para as esposas, uma de cada vez. As respostas dadas por elas são comparadas com as respostas dadas pelos maridos. Ao final da atividade, o casal que conseguir maior número de pontos será o vencedor.

O exercício tem como objetivo testar até que ponto os casais realmente se conhecem e são sensíveis um ao outro.

FIRMANDO ALICERCES

Compartilhem suas reações diante da leitura do artigo "O propósito de Deus para o relacionamento sexual" (p. 194).

Durante esta semana, vocês procuraram observar mais os efeitos da "sexomania" em nossa sociedade? O que descobriram?

ERGUENDO PAREDES

Deus entregou a tarefa de ser marido e pai para amadores! Seria impossível desempenharmos bem o nosso papel no lar sem que Deus nos tivesse apresentado um "Manual de sobrevivência doméstica". Esse manual — a Palavra de Deus, e não as nossas "experiências", "opiniões" ou "habilidades pessoais" — tem de ser a autoridade final diante do papel do marido no casamento.

A maioria das pessoas destaca o amor como qualidade essencial no casamento. A Bíblia também oferece um lugar central para o amor no lar quando descreve a responsabilidade do marido diante da sua esposa:

> *Maridos, cada um de vós ame a sua mulher, assim como Cristo amou a igreja e a si mesmo se entregou por ela* (Efésios 5:25).
>
> *Maridos, cada um de vós ame sua mulher e não a trate com aspereza* (Colossenses 3:19).
>
> *Da mesma forma, maridos, vivei com elas a vida do lar, com entendimento, dando honra à mulher como parte mais frágil e herdeira convosco da graça da vida, para que as vossas orações não sejam impedidas* (1Pedro 3:7).

Infelizmente, o conceito que o mundo tem de "amor" é muito diferente do conceito bíblico.

1. Quando o mundo fala de "amor", quais as ideias que prevalecem? Pense (ou toque!) em exemplos na música popular.

   _____
   _____
   _____

   Com base na música popular, o amor é:

   - autogratificante;
   - imediato (amor à primeira vista);

- só sexo;
- egoísta;
- baseado na aparência;
- possível com mais de um parceiro;
- transitório;
- baseado na emoção (morre quando não se sente mais).

Na Bíblia, o amor verdadeiro contrasta com o amor no mundo (Efésios 5:1-7 desenvolve bem essa ideia).

Características do amor bíblico

Para ajudar os maridos a compreenderem o alto padrão que Deus estabelece para eles, vamos estudar dois aspectos fundamentais do amor bíblico no casamento.

1. *O amor bíblico é uma escolha, e não uma emoção*

Talvez a maior confusão sobre o amor venha justamente de um conceito errado que diz que o amor é uma emoção. A Bíblia não nega a importância de emoções fortes e paixão no casamento; Cântico dos Cânticos exalta esse amor numa série de poemas românticos. Mesmo assim, a atração física/emocional é secundária em relação a outro aspecto do amor — a decisão de amar, custe o que custar. Este é um dos conceitos da palavra grega *agápe*, que a Bíblia usa para descrever o amor conjugal. Na Palavra de Deus, o modelo desse amor é o próprio Deus, que o manifesta (amor-escolha, e não amor-emoção) no seu relacionamento com o homem. O amor bíblico começa com essa escolha, que implica o compromisso ("aliança") de servir o outro, mesmo quando o amor não é retribuído.

1. **Leia Malaquias 1:2,3.** Como Deus manifestou seu amor por Jacó?

Deus diz que Ele "amou" Jacó e rejeitou Esaú. Aqui a forma verbal "escolheu" poderia facilmente substituir a forma "amou". O amor de Deus manifestou-se na escolha de abençoar Jacó — não porque ele merecesse, muito pelo contrário!

2. Leia Deuteronômio 7:7,8. Como Deus manifestou Seu amor por Israel?

_____
_____
_____

Mais uma vez, Deus "amou" Israel, apesar de seus muitos defeitos; por essa razão, escolheu-o para ser seu povo particular (Deuteronômio 4:37).

3. Jesus também "amou" a igreja e por isso a escolheu para ser sua esposa. **Leia Efésios 1:4,5.** Como o amor bíblico, definido como "escolha", e não como "emoção", reflete a graça — favor imerecido — de Deus (v. Romanos 5:6-8; João 3:16)?

_____
_____
_____

João 3:16 mostra o elo entre o "amar" e o "dar". Baseado no AMOR (escolha) de Deus, ele **deu** Seu Filho unigênito por nós!

O alicerce firme do amor bíblico é a escolha, e não a emoção. Existe, porém, outro aspecto fundamental desse amor, que mostra como a escolha funciona na prática.

2. *O amor bíblico é sacrificial, e não sensual*

Mais uma vez, Deus serve como modelo para o nosso amor conjugal. Outro aspecto deste amor *ágape* é a ideia de **sacrifício**. Em nossos dias, para muitas pessoas, o "amor" é sinônimo de "gratificação sensual" e "prazer pessoal". "Eu amo você porque você faz com que eu me sinta bem!" A palavra "sensual" significa "aquilo que satisfaz os sentidos". Para muitos, "amor" não passa de algo físico e egoísta, aquilo que **me** satisfaz. Esse conceito de amor é totalmente oposto ao conceito bíblico.

Na Bíblia, o amor *ágape* significa **dar, sacrificar-se, procurar o bem-estar do outro antes do próprio bem-estar**. Esse é um amor **sobrenatural**, pois somente Deus pode amar dessa forma, assim como somente Deus pode capacitar um ser humano, egoísta por natureza, a amar os outros sacrificialmente.

4. Esse amor entre Cristo e a igreja serve como modelo para os maridos, que devem demonstrar o mesmo compromisso para com sua esposa! **Leia Efésios 5:25-30.** O texto diz que o marido deve amar sua esposa como Cristo amou a igreja. Em que sentido? Como fazer isso de forma prática no dia a dia?

_____
_____
_____

Esse amor envolve mais uma escolha do que uma emoção. Cristo amou a igreja e **se entregou** por ela! Somente pela graça de Deus é que poderemos demonstrar esse amor em nosso lar. Só quando reconhecemos tão grande amor em nossa vida é que podemos compartilhar esse amor com os outros. Caso contrário, nossa natureza carnal vai colocar sempre o nosso bem-estar acima do bem-estar do outro. No dia a dia, o amor do marido faz com que ele procure sempre o bem-estar da esposa, antes de buscar o seu próprio!

Resumo das responsabilidades do marido

Já citamos os textos principais que falam especificamente sobre o papel do homem no lar, e vimos que o amor sacrificial é a sua responsabilidade principal. Entretanto, existem outras responsabilidades.

O gráfico que se segue resume boa parte do ensino da Palavra de Deus sobre o papel do MARIDO no casamento. O grupo deve ler cada bloco de textos bíblicos, os princípios e as sugestões para aplicação prática, sugerindo outras que porventura venham à mente dos membros do grupo.

Responsabilidades do marido

Palavra	Princípios	Prática
Gênesis 2:15,18	Ser companheiro da esposa.	a) Dar prioridade ao relacionamento e ministério marido—esposa.
	Manter um relacionamento de mútua complementação ("auxílio idôneo") com a esposa.	b) Permitir que a esposa seja um complemento, fortalecendo suas áreas fracas, sem competir com ela.
Gênesis 2:24	Deixar seus pais.	c) Manter um relacionamento de exclusividade, fidelidade e intimidade com a esposa.
	Dedicar-se à sua mulher num compromisso de amor.	d) Desenvolver hábitos de fidelidade e amizade conjugal em todos os níveis (espiritual, emocional, social, intelectual, físico).
	Manter um relacionamento de *uma só carne* com ela (1Coríntios 7:3-5).	e) Dedicar-se exclusivamente à sua esposa, excluindo qualquer pensamento sobre divórcio ou separação; não permitir que o ministério tome o lugar da família.
Provérbios 31:28-31	Honrar a esposa pela dignidade de seu caráter.	Procurar maneiras criativas, particulares e públicas, para honrar a esposa pelo seu sacrifício no lar.
1Coríntios 7:3-5 Provérbios 5:15-19	Satisfazer os desejos sexuais da esposa num relacionamento mutuamente agradável.	a) Comunicar aberta e sensivelmente suas necessidades e desejos, e dar de si mesmo livremente à esposa. b) Conhecer e suprir as necessidades da esposa, "no Senhor". c) Procurar satisfação sexual plena, mútua e exclusiva na união conjugal.

Efésios 5:25-33	Amar a esposa: • Como Cristo amou a igreja; • como ele ama o próprio corpo.	a) Seguir o padrão de Cristo, em humildade e abnegação, a favor da família, como líder-servo (1Coríntios 13; João 13).
	"Santificar/purificar" a esposa (sacrificar a si mesmo em prol do bem-estar da esposa).	b) Abrir mão de ambições egoístas que prejudicam o relacionamento conjugal.
Colossenses 3:19	Não tratá-la com amargura.	c) Não guardar mágoas, mas resolver seus problemas, procurando a ajuda de conselheiros quando necessário.
1Pedro 3:7	Manter sua presença no lar como líder sensível às necessidades da esposa. Participar ativamente no lar.	a) Proteger a esposa (agradar e cuidar), como se fosse o próprio corpo.
		b) Estar atento a tudo que acontece no lar, especialmente em relação às necessidades de sua esposa.
(cf. Deuteronômio 24:5)	Conhecer sua esposa e suas necessidades, lutas, alegrias etc. Proteger e honrar a esposa.	c) Evitar o excesso de envolvimento que o tire do lar.
		d) Conhecer profundamente sua esposa e as necessidades dela.
		e) Falar abertamente do seu amor e da sua apreciação pela esposa.
		f) Orar com a esposa.

1Timóteo 5:8	Sustentar a própria família pelo trabalho diligente.	a) Vencer a preguiça, as reclamações e o descontentamento com seu trabalho, pela graça e força de Cristo. b) Assumir a responsabilidade de suprir as necessidades da família sem cair na ganância nem pressionar sua esposa para ocupar papéis contrários à sua natureza (Salmos 127:1,2).

Se existe um denominador comum em todas essas responsabilidades, é o fato de que só Jesus pode capacitar o homem a demonstrar essa vida "outrocêntrica", a própria vida de Cristo sendo vivida nele.

Conclusão

O que mais tem influenciado o seu conceito de "amor" — a Palavra de Deus ou o mundo? Você está firme na decisão de amar o seu cônjuge, ou será que o seu amor está baseado mais em aparências e emoções do que no compromisso mútuo? Deus chama o homem para ser o líder-servo do lar, amando a sua esposa como Cristo amou a igreja e tratando-a com dignidade e honra.

Clamem a Deus, como grupo, pedindo que Ele abençoe os casais presentes e que ajude cada um a demonstrar amor sacrificial no seu casamento.

INSPECIONANDO A CONSTRUÇÃO

Leia o artigo "Homens de verdade" (p. 201).

Projeto para os maridos: Até que ponto você tem desempenhado o seu papel como "sacerdote" do seu lar? Onde precisa melhorar? O que pode fazer esta semana para assumir sua responsabilidade de pastoreio do rebanho que Deus lhe entregou?

_____

_____

_____

Projeto para as esposas: Até que ponto você tem apoiado seu marido no papel de "sacerdote" do lar? Onde você precisa melhorar? O que pode fazer durante esta semana para encorajá-lo nessa responsabilidade de pastorear o rebanho que recebeu das mãos de Deus?

_____
_____

Procure uma forma prática e criativa, pública ou particular, pela qual você possa "paparicar" seu cônjuge esta semana. (Para mais ajuda nessa área, veja os livros *101 ideias criativas para paparicar seu marido* e *101 ideias criativas para paparicar sua esposa*, preparados pelos mesmos autores deste livro e publicados pela Editora Hagnos.)

ACABAMENTO

Eu sei amar?

A seguir, uma paráfrase de 1Coríntios 13:4-7, em que a palavra "amor" é substituída pela palavra "Deus". Leia o texto em voz alta, com o grupo, e depois faça a leitura da outra paráfrase, que substitui a palavra "Deus" pelos pronomes "eu" e "me". Reflita sobre a segunda paráfrase. Ela caracteriza realmente o relacionamento entre você e o seu cônjuge?

Deus é amor

Deus é paciente, Deus é benigno; Deus não arde em ciúmes, não se ufana, não se ensoberbece, Deus não se conduz inconvenientemente, Deus não procura os seus interesses, Deus não se exaspera, não se ressente do mal; Deus não se alegra com a injustiça, mas regozija-se com a verdade; Deus tudo sofre, tudo crê, Deus tudo espera, tudo suporta (cf. a versão *ARA*).

Será que eu sei amar?

Eu sou paciente; sou benigno; eu não ardo em ciúmes, não me ufano, não me ensoberbeço, não me conduzo inconvenientemente, não procuro os meus interesses, não me exaspero, não me ressinto do mal; eu não me alegro com a injustiça, mas regozijo-me com a verdade; eu tudo sofro, tudo creio, tudo espero, tudo suporto.

HOMENS DE VERDADE

Jeremy Glick foi um homem de verdade. Tudo indica que, no voo 93, de *Newark* para Los Angeles, no dia 11 de setembro de 2001, ele e mais dois passageiros impediram que os sequestradores daquele avião causassem um desastre como os que se deram em Nova York e Washington poucas horas antes. Numa ligação por telefone celular durante o sequestro, Glick deixou instruções para sua esposa, Lyzbeth, sobre como cuidar da vida dela e da sua filhinha de 3 meses. Explicou que ele e mais dois homens poriam fim àquele projeto sinistro, mesmo sabendo que, com isso, morreriam. O resto da história só Deus sabe. Jeremy Glick morreu como herói, como um homem de verdade.

Enquanto Glick morreu como herói, Deus entrega a cada homem uma tarefa ainda maior que essa: não somente morrer pelos seus amados, mas viver por eles. Nosso mundo define o homem "macho" pelo cigarro que fuma, pelas mulheres que conquista, por suas "bravatas", como resiste às autoridades e afirma sua "masculinidade". No entanto, Deus tem outra definição para "varão verdadeiro". O homem de verdade dá sua vida dia após dia pelos outros.

A seguir, queremos visitar um museu de arte, a fim de examinar uma escultura: a estátua de um homem verdadeiramente macho, que AMA sua esposa e sua família.

> *Maridos, cada um de vós ame sua mulher e não a trate com aspereza.*
> (Colossenses 3:19)

Por que Deus deu essa ordem aos maridos? Talvez pela mesma razão pela qual endereçou a palavra "submissão" às esposas. Sabia que homens enfrentam grande luta na área do sacrifício e da autonegação? Em Gênesis 3:16, Deus declarou para a primeira dama, Eva, um dos resultados da queda: ... *e ele* [o marido] *te dominará*. Desde então, a tendência masculina tem sido de pisar, esmagar, oprimir e dominar, e não de amar a sua esposa.

Fazendo contraste com o texto de Gênesis, o de Colossenses 3:19 descreve o que o verdadeiro homem faz em relação à sua esposa e a maneira pela qual não deve tratá-la. Deus é quem define o que é um homem de verdade, e não os produtores da Globo ou de *Hollywood*. A palavra-chave é: **amor**. Primeiro, seria bom fazer três observações importantes:

- O amor bíblico é oferecido voluntariamente pelo marido; não é exigido pela esposa.
- O amor bíblico do marido é uma ordem, e não uma opção.
- O amor bíblico exige uma obra sobrenatural do Espírito Santo, produzindo a vida de Cristo no marido (Efésios 5:18-21).

A escultura do homem que ama necessita de algumas batidas da talhadeira divina, cada uma esculpindo um pouco mais a masculinidade genuína.

1. **O amor bíblico do marido segue o PADRÃO do sacrifício de Cristo.** Efésios 5:25 diz: *Maridos, cada um de vós ame a sua mulher, assim como Cristo amou a igreja e a si mesmo se entregou por ela*. Qual foi exatamente o padrão do amor de Cristo? Sabemos que foi um amor sacrificial; visava sempre ao serviço feito aos outros. Precisamos, entretanto, refletir sobre as implicações sérias desse mandamento. Será que, como homem, abro mão de confortos e privilégios, ou insisto em ser servido? O verbo "amar" implica DAR e sacrificar a si mesmo para promover o bem-estar do outro.

2. **O amor bíblico do marido implica a PURIFICAÇÃO da esposa.** Efésios 5:26,27 diz que o padrão de sacrifício de Cristo teve como propósito PURIFICAR a igreja, e que o homem tem o mesmo dever no lar: *a fim de santificá-la, tendo-a purificado com o lavar da água, pela palavra, para apresentá-la a si mesmo como igreja*

gloriosa, sem mancha, nem ruga, nem qualquer coisa semelhante, mas santa e irrepreensível (v. 1Pedro 3:7b; 1Coríntios 14:35).

Como "purificar" a esposa e a família? A resposta está numa liderança espiritual masculina que proporciona crescimento espiritual a todos. Liderança espiritual no lar não significa que o homem tenha de fazer TUDO. Certamente há espaço para delegar autoridade. No entanto, raros são os homens que pastoreiam sua família, que se preocupam com a purificação dela. Purificação vem pela liderança masculina que proporciona crescimento espiritual para a família!

A escultura de um homem de verdade leva-o a proporcionar crescimento espiritual em seu lar:

- Orando com a esposa.
- Liderando um tempo devocional ("culto doméstico").
- Encorajando o crescimento espiritual.
- Tendo a certeza de que o entretenimento e o lazer da família são saudáveis.

3. O amor bíblico do marido exige a PROTEÇÃO da esposa.

Efésios 5:28 diz: *Assim, o marido deve amar sua mulher como ao próprio corpo.* Primeira Pedro 3:7 acrescenta: ... *maridos, vivei com elas a vida do lar, com entendimento, dando honra à mulher como parte mais frágil...* Como o homem cuida do seu corpo? Procurando satisfazer suas necessidades e seus desejos; alimentando-o, exercitando-o, descansando. Até os mínimos movimentos do corpo, mesmo o mero piscar de olhos, existem para protegê-lo. Ao contrário da opinião popular, os homens são muito cuidadosos com o próprio corpo. Deus espera que o varão verdadeiro faça a mesma coisa com as necessidades de sua esposa. Mas como protegê-la?

- Não demandando mais e mais dela, exigindo sacrifícios.
- Preocupando-se com os detalhes para o bem-estar da esposa.
- Não colocando sobre seus ombros todo o peso de:
    - dinheiro;
    - decisões difíceis;

- disciplina dos filhos;
- discipulado dos filhos.

O homem passivo não toma iniciativa para proteger sua família. Não vive a "vida comum do lar"; mantém-se distante, frio, alheio à vida e às necessidades de cada um.

4. O amor bíblico do marido implica a PRESENÇA constante do homem no lar. Um problema sério para muitos homens (e cada vez mais para as mulheres) é que a realização profissional TIRA o homem mais e mais do lar, seduzindo-o pela possibilidade de posição, de posses e de poder. Deus chama o homem de volta para o lar, não para ser negligente diante de sua responsabilidade de ganhar o pão de cada dia, mas para manter o equilíbrio entre a profissão, o ministério e o lar.

Quando Pedro ordena aos homens: *vivei com elas a vida do lar, com entendimento* (1Pedro 3:7), o termo que usa traz a ideia de coabitar, estar presente (não apenas marcar presença!) e participar das atividades do lar. A *Nova Versão Internacional* diz: *sejam sábios no CONVÍVIO COM SUAS MULHERES*. Em outras palavras, PARTICIPAÇÃO na vida do lar é uma das características de um homem de verdade.

Alguns homens acham que, uma vez que atendem às necessidades básicas do lar (provisão de alimento e da casa; proteção contra perigos), têm cumprido seu dever. Entretanto, Deus os chama para ir um passo além: conhecer as necessidades e as atividades de cada um no lar e ser sensível e sábio no cuidar de todos. Isso implica viver pelo bem-estar dos outros, custe o que custar. **Jeremy Glick** foi um herói, um homem de verdade, pois deu a sua vida para proteger muitas outras pessoas. No entanto, maiores heróis são aqueles homens que entregam a vida, dia após dia, sobre o altar do bem-estar de sua família. Seguem o padrão de sacrifício de Cristo na purificação da família. Procuram proteger todos pela sua presença constante na família. Homens de verdade não estão apenas dispostos a morrer pela sua família; mais que isso: desejam viver por ela.

LIÇÃO 15

O papel da esposa

> PRINCÍPIO DE CONSTRUÇÃO
>
> *A submissão da esposa não é escravidão; é um "alinhamento" respeitoso e sobrenatural debaixo da liderança do seu marido.*

- **Objetivos do estudo**

Como resultado deste estudo, os membros do grupo devem ser capazes de:

- Desfazer dúvidas quanto ao real significado da submissão da mulher ao marido.
- Estar cientes da responsabilidade que provém da submissão ordenada pela Bíblia à mulher, com referência ao marido, como expressão da plenitude do Espírito.
- Adotar atitudes apropriadas em relação aos papéis que Deus concedeu a cada um no lar.
- Compreender as diversas responsabilidades dadas por Deus à mulher no lar.

Sugestões:

1. A lição focaliza tanto as atitudes do marido quanto as da esposa na área da submissão. Um bom senso de humor, sem diminuir a importância do assunto, ajudará muito a estabelecer uma atmosfera agradável na reunião. Cada um deve defender sua posição com referência aos ensinos bíblicos, e não somente expor o próprio e simples pensamento.

2. Acerte os detalhes do último encontro do grupo (a "formatura"). Veja as sugestões em "Sobre a última reunião" (p. 21 deste material).

TERRAPLENAGEM

Boas recordações

- PROCEDIMENTO: O líder deve pedir que, durante cinco minutos, todos os participantes passem os olhos pelo material que têm em mãos, recordando as lições estudadas, lendo alguns dos seus comentários e tarefas. Cada um deve anotar dois ou três princípios práticos que aprendeu com o estudo, e como esses princípios surtiram efeito em sua vida e na sua família durante os estudos. Depois, formem grupos pequenos de três ou quatro pessoas. Compartilhem com o grupo pequeno as suas observações. No final do encontro, o líder pode pedir para alguns darem testemunho diante do grupo todo, ou convidar alguns para darem testemunho na "formatura".

FIRMANDO ALICERCES

Compartilhem suas reações diante da leitura do artigo "Homens de verdade" (p. 213).

[?] Alguém foi "paparicado" (honrado pública ou particularmente) durante esta semana? O que seu cônjuge fez que o/a deixou feliz?

_____
_____
_____

[?] Alguém recebeu um presente como "sacrifício de amor" esta semana? Qual foi o presente? Qual foi o sacrifício feito?

_____
_____

ERGUENDO PAREDES

Poucos assuntos geram tanta controvérsia na igreja hoje como a questão da submissão feminina. O movimento feminista, os abusos machistas, a má compreensão das Escrituras e teologias suspeitas contribuem para um clima tenso e tendencioso. O foco deste estudo será o papel da mulher no lar, enfatizando a questão da submissão — o que isso não significa e o que significa. Para diminuir um pouco a confusão que se faz sobre o assunto, a discussão versará primeiro sobre o que submissão NÃO significa. Depois, analisaremos o conceito sob a perspectiva positiva.

1. **Leia Efésios 5:18-21.** Qual a última evidência da plenitude do Espírito Santo citada por Paulo nesse texto (v. 21)? O que o texto revela ser uma responsabilidade de todos?

   _____
   _____
   _____

   O texto destaca submissão mútua: *sujeitando-vos uns aos outros no temor de Cristo*. A expressão "uns aos outros" deixa claro que submissão é uma responsabilidade de todos os crentes.

2. **Leia 1Pedro 2:13,14 e Romanos 13:1.** Em que sentido TODOS têm de ser submissos?

   _____
   _____
   _____

   A submissão de *uns aos outros* (Efésios 5:21) é uma ordem para todos os cristãos, que devem desempenhar seus devidos papéis em obediência a Deus e a Seu plano para os relacionamentos humanos. Submissão mútua é essencial para evitar anarquia e manter a decência e a ordem na sociedade e no lar. Submissão às autoridades é responsabilidade de todos.

Em Efésios 5:21, depois que Paulo cita a submissão mútua como evidência de um controle sobrenatural (a plenitude) do Espírito, ele dá alguns exemplos de "mutualidade" nos relacionamentos familiares. Efésios 5:22—6:9 trata desses relacionamentos no lar: mulher em relação ao marido, marido em relação à mulher, filhos em relação aos pais, pais em relação aos filhos. Em certo sentido, a obediência à Palavra e ao Espírito em cada um desses relacionamentos representa uma forma de submissão mútua, um "alinhamento" de relacionamentos (o significado básico do termo "submissão"). Talvez seja por isso que o texto acrescenta a ordem *sujeitando-vos UNS AOS OUTROS no temor de Cristo* (5:21).

A princípio, ninguém aprecia a submissão, mas todos nós fomos chamados para nos submeter a alguma autoridade em nossa vida. Submissão faz parte do plano de Deus para o bom funcionamento do universo.

Uma das maiores confusões quanto à submissão ordenada na Bíblia é que alguns acham que ela implica considerar a mulher "menos gente" ou "inferior" ao homem. A própria palavra "submissão" contribui para esse mal-entendido, ao sugerir que, de alguma forma, a "missão" da mulher é inferior à do homem.

3. Leia Gálatas 3:28 à luz de Efésios 5:22-24. Como entender a igualdade entre o homem e a mulher, afirmando ao mesmo tempo a submissão da mulher ao marido no lar?

_____
_____
_____

Os textos se complementam quando a questão da submissão é entendida biblicamente. Submissão não significa inferioridade, mas diferença de função. Assim, podemos resumir o ensino bíblico desta maneira: Na Bíblia, a submissão da esposa ao marido significa que:

- Os cônjuges são iguais quanto ao ser e diferentes quanto ao fazer.
- Os cônjuges são iguais em essência, e não em função.

- Os cônjuges são iguais em posição diante de Deus, e não na prática para com Deus.

4. Leia estes textos sobre o papel da mulher: **Colossenses 3:18; 1Pedro 3:1; Efésios 5:22; Tito 2:5.** Para quem é direcionada a submissão feminina? Qual a frase repetida em todos esses textos?

_____
_____
_____

Alguns confundem a submissão como se significasse que todas as mulheres deveriam ser submissas a todos os homens.[1] Na Bíblia, a submissão da mulher está direcionada ao seu marido! Aplicações erradas do princípio incluiriam: jovens que exigem submissão da parte de sua namorada; limites quanto àquilo que as mulheres podem ou não fazer em empresas, na política, nos esportes ou na carreira.

Os textos são dirigidos à esposa, e não ao marido. Elas se submetem ao marido como resposta de obediência ao Senhor. O marido não deve exigir a submissão da esposa, pois submissão forçada não é submissão, é subjugação, e perde todo o sentido.

É interessante notar que os textos não dão ao marido a responsabilidade, muito menos o direito, de "subjugar" sua esposa, como se a submissão da mulher ao marido fosse uma espécie de escravidão forçada. Ao contrário, a submissão é algo oferecido pela esposa ao seu marido, como fruto da obra do Espírito na vida dela. Mais uma vez, essa obra sobrenatural reverte os efeitos da queda no relacionamento a dois (v. Gênesis 3:16; texto que revela, como resultado da queda, que o "desejo" da mulher passou a ser para o seu marido, enquanto este passou a dominá-la).

Já vimos o que a submissão da mulher NÃO significa à luz do texto bíblico. Queremos concluir analisando o ensino bíblico sobre o que submissão SIGNIFICA. Depois, vamos estudar outros textos que tornam ainda mais claro o papel da esposa no lar.

---

[1] Embora outros textos delineiem claramente os papéis para homens e mulheres no ensino e na liderança da igreja (v. 1Timóteo 2:11-15; 1Coríntios 14:34,35), os textos sobre submissão no lar NÃO as colocam debaixo da autoridade de todos os homens.

5. Leia Colossenses 3:18, 1Pedro 3:1, Efésios 5:22 e Tito 2:5.
A quem esses textos são direcionados, à mulher ou aos marido? Por que não faz sentido um marido "exigir" submissão de sua esposa? O que isso implica?

_____
_____
_____

"Submissão exigida" é um contrassenso. Implica a falha de liderança no lar ou a falta de compreensão do significado dos papéis, pela mulher, pelo marido ou por ambos.

6. O que fazer quando há discordância entre o casal numa decisão importante? É hora de o homem insistir? A mulher deve ceder sempre?

_____
_____
_____

O homem sábio ouvirá as opiniões de sua esposa e pensará duas ou três vezes antes de tomar uma decisão que vá contra o que ela acha melhor. Talvez chegue o momento em que uma decisão deva ser tomada, realmente. Então, caberá ao marido decidir, à base de muita oração e assumindo toda a responsabilidade. A esposa deve apoiá-lo, mesmo não concordando plenamente com a decisão tomada. Ainda que a decisão leve a um resultado negativo, a esposa deve evitar frases como "Não te disse?"

Não adianta tentar "amolecer" a ideia de submissão feminina, como se fosse algo obsoleto, de uma cultura "machista", ou somente uma entre muitas opções para o bom funcionamento do lar. Argumentar que a submissão feminina é algo cultural, que não se aplica a nós, significa reduzir o testemunho unânime de múltiplos textos bíblicos a uma relíquia de uma época esquecida. Significa esvaziar a Bíblia de sua autoridade e do direito de ordenar a vida segundo a vontade de Deus.

7. Se submissão é uma ordem bíblica, o que significa não obedecer a ela?

_____
_____
_____

Não cumprir a ordem bíblica é pecado contra Deus e contra o marido; provavelmente, haverá consequências negativas e reflexos da desobediência ao plano divino no lar.

A palavra grega traduzida por "submissão" ou por "sujeitando-se" possui outra perspectiva. Significa "alinhar-se", "colocar em ordem". Como já vimos, não é uma questão de valor relativo, mas de prática. É uma questão de "fazer", e não de "ser"; de função, e não de essência. Duas ilustrações talvez ajudem. A dobradiça de uma porta funciona melhor quando todos os anéis e pinos estão em linha reta. Se um ou outro fica desalinhado, a porta não funciona eficientemente. Há atrito, a porta chia, reclama.

Da mesma forma, quando os pneus de um carro ficam desalinhados, desgastam-se muito. O carro não anda direito, e pode até haver acidentes de percurso. Os pneus precisam ficar alinhados para maior segurança, economia e eficiência.

8. Pensando na ilustração do carro, se os pneus traseiros representam a esposa num casamento, e os dianteiros, o marido (como líder do lar), quais as vantagens, desvantagens e os perigos que cada um experimenta?

_____
_____
_____

Os pneus traseiros sempre seguem os dianteiros, que têm o privilégio de liderar, mas têm também a desvantagem de serem os primeiros a enfrentar os perigos do percurso. Quando estão desalinhados, os pneus traseiros também ficam expostos aos perigos da estrada e dificultam a direção do veículo.

Obviamente, há muito que pode dar errado para complicar o plano de Deus para as funções no lar. Homens omissos e passivos, que não assumem sua responsabilidade como líderes-servos do lar, podem obrigar sua esposa a tomar a frente. Mulheres "mandonas" (v. Provérbios 25:24; 21:9) podem intimidar o marido ou desgastá-lo pelas constantes rixas. O "jugo desigual" (um homem crente casado com uma mulher não crente, ou uma mulher crente casada com um homem não crente) também confunde o processo (cf. 1Pedro 3:1-6).

9. Observe como Paulo conclui sua discussão sobre os papéis do marido e da esposa em Efésios 5:33. Qual o resumo que o apóstolo faz do papel de cada um?

- Marido: _____
  _____
  _____

- Esposa: _____
  _____
  _____

(?) Como essa ideia de "respeito" nos ajuda a entender o significado de "submissão"?
_____
_____
_____

Reconhecemos que a submissão é uma questão de coração. Não é algo forçado, mas uma obra sobrenatural de Deus no coração da esposa, revertendo a tendência natural da mulher depois da queda (Gênesis 3:16). Implica o contentamento com seu papel e com a hierarquia funcional criada por Deus para o bom andamento do lar.

Como já descobrimos, um dos resultados desastrosos da queda foi a deterioração do relacionamento perfeito e complementar entre marido e esposa, como "auxiliadores idôneos" mútuos. Em lugar de complementação, competição. Em vez de amizade, hostilidade. Conforme Gênesis 3:16, depois da queda, a mulher tentaria "dominar" ou "controlar" o seu marido (cf. Gênesis 4:7), em vez de respeitá-lo e seguir sua liderança. Ao mesmo tempo, o marido oprimiria sua esposa, governando sobre ela, sem o amor sacrificial, mas com egoísmo e machismo.

Entretanto, "em Cristo", numa vida controlada pelo Espírito (Efésios 5:18), tudo isso pode mudar (2Coríntios 5:17). Um relacionamento refeito em Cristo permite que retomemos o plano original de Deus!

Resumo das responsabilidades da esposa

A Bíblia traça outras responsabilidades e papéis para a esposa no lar. O gráfico que se segue resume boa parte do ensino da Palavra de Deus sobre o papel da ESPOSA no casamento. O grupo deve ler cada bloco de textos bíblicos, os princípios e as sugestões para aplicação prática, sugerindo outras que porventura venham à mente.

As responsabilidades da esposa

Palavra	Princípios	Prática
Gênesis 2:15-18	Servir como "auxiliadora idônea", ou seja, uma complementação e encorajamento ao marido no cumprimento da sua "missão" (chamado).	a) Dar prioridade ao chamado do marido nas decisões familiares, profissionais, eclesiásticas etc.
2Coríntios 6:14	Juntar-se ao marido num *jugo espiritual igual*, com o mesmo Mestre e a mesma missão (Mateus 6:33).	b) Enfatizar o papel de complementação sem competição com o marido. c) Verificar que os dois estejam andando juntos, "na mesma página", em termos de propósitos de vida.

Provérbios 31:10-31	Manter uma gerência diligente, sábia e econômica do lar, debaixo da autoridade e da responsabilidade final do marido.	a) Suprir as necessidades da família antes de ministrar a outros. b) Usar o lar como "base" para sua carreira e seu ministério.
Provérbios 2:16 Malaquias 2:14 Tito 2:4	Ser companheira e amiga fiel, fugindo da imoralidade e do divórcio, dando amor e carinho ao marido.	a) Desenvolver uma amizade com o marido. b) Ser carinhosa e companheira, uma amiga leal do marido.
Provérbios 5:15-19 1Coríntios 7:3-5	Satisfazer os desejos sexuais do marido, num relacionamento mutuamente agradável.	a) Comunicar aberta e sensivelmente sobre necessidades e desejos, e dar de si livremente ao marido. b) Conhecer e suprir as necessidades do marido, "no Senhor". c) Procurar satisfação sexual plena, mútua e exclusiva na união conjugal.
Tito 2:3-5 (1Timóteo 2:9,10) (1Pedro 3:2-4)	Fazer do lar um "refúgio para o marido e os filhos". Desenvolver um caráter temente a Deus como prioridade de vida. Ensinar as esposas menos experientes sobre a dignidade de seu papel no lar.	a) Focalizar suas tarefas no lar como prioridade, e não algo "extra". b) Ser um exemplo e uma professora de outras mulheres menos experientes.

INSPECIONANDO A CONSTRUÇÃO

Como revisão desta lição, leia o artigo "O retrato da mulher de honra" (p. 216). Identifique áreas em que sua ideia sobre o papel de esposa tem sido condicionado pela cultura. Em que aspecto suas ideias sobre a perspectiva bíblica têm sido distorcidas?

_____
_____
_____

Projeto para as mulheres: Quais as áreas principais que deixam a desejar em termos de suas responsabilidades no lar? Escolha uma área e peça que Deus trabalhe em seu coração durante esta semana.

_____
_____
_____

Projeto para os homens: Como você pode apoiar sua esposa em seu papel de esposa/mulher? Pense em algo que pode fazer durante esta semana para encorajá-la.

_____
_____
_____

ACABAMENTO

À luz desta lição, como você lidaria com estas questões básicas:

1. Meu marido me pressiona durante todo o tempo, desafiando-me sobre a "submissão", para me obrigar a fazer coisas contra a minha vontade. O que devo fazer?

_____
_____
_____

2. Minha esposa não concorda em ser submissa. O que devo fazer, como marido?

_____
_____

Leia 1Pedro 3:1-6. Faça um estudo do texto, destacando:

- A ordem principal (3:1).

    _____
    _____

- A razão por trás da ordem (3:1b,2).

    _____
    _____

- Um desafio que esclarece a ordem principal e como cumpri-la (3:3,4).

    _____
    _____

- Uma ilustração de alguém que cumpriu a ordem (3:5,6).

    _____
    _____

O RETRATO DA MULHER DE HONRA

Uma das telas mais famosas do mundo é a Mona Lisa, pintada por Leonardo da Vinci. Muitos têm se debatido em busca de descobrir de onde vem o poder cativante desse quadro — talvez o sorriso misterioso da mulher, talvez a possibilidade de ela saber algo que nós não sabemos. Da Vinci tornou-se famoso pela inovação de técnicas artísticas no retrato da Mona Lisa, especialmente o uso suave de cores e sombras, criando um efeito misterioso, uma "aura" em volta da figura.

Quando Deus quis nos instruir sobre relacionamentos saudáveis no lar, começou com o retrato de uma mulher cujo valor é inestimável. Nela, a vida de Cristo se manifesta, superando suas tendências naturais pela obra sobrenatural da graça. Essa mulher possui uma "aura" criada pelas pinceladas suaves do Espírito Santo, que traçam a imagem de Cristo na personalidade feminina. Os textos bíblicos que revelam para nós essa pintura são unânimes na descrição do "ar misterioso" que caracteriza essa mulher: *o íntimo do coração, com um espírito gentil e tranquilo* (1Pedro 3:4).

Infelizmente, se existe um "palavrão" na sociologia da família hoje, essa palavra é "submissão". Normalmente, a polêmica sobre esse conceito inclui debate entre dois extremos igualmente desequilibrados: alguns erram, pois pendem para o feminismo radical, clamando por uma libertação generalizada da opressão feminina; outros erram porque pendem para o "neomachismo", que justifica um domínio masculino que também não encontra respaldo nas Escrituras. Como sempre, precisamos voltar à Palavra de Deus, para um equilíbrio que permita que a última palavra seja a palavra divina.

Três textos clássicos tratam do assunto do papel da mulher no lar (Efésios 5:22-24; Colossenses 3:18; 1Pedro 3:1-6). Primeiro, vamos "preparar a tela", descobrindo **o que a submissão da mulher NÃO significa**. Depois, examinaremos a pintura bíblica do retrato dessa mulher valiosa.

O que a submissão da mulher NÃO significa

1. **A submissão não é uma responsabilidade exclusiva da mulher.** Efésios 5:21 deixa claro que, como fruto da plenitude do Espírito em nossa vida (Efésios 5:18), todos nós temos uma responsabilidade de submissão mútua: *sujeitando-vos uns aos outros*. Todos nós vivemos debaixo de autoridade. O Espírito de Deus produz um "alinhamento" (sentido literal do verbo grego) no corpo de Cristo (e especialmente na família) por meio de

autoridades em nossa vida, a quem nos submetemos. Somente quando todos nós "entramos na linha" (o papel que Deus nos deu) é que temos relacionamentos saudáveis no lar. Esposa, marido, pais e filhos precisam submeter-se a Deus e uns aos outros no desempenho de seus respectivos papéis no lar. Afirmar que submissão é uma "maldição", responsabilidade exclusiva da mulher, significa ignorar o ensino bíblico claro sobre o assunto.

2. **A submissão não implica a inferioridade da mulher.** Alguns, infelizmente, têm interpretado o ensino bíblico sobre submissão como se significasse a inferioridade da mulher. Submissão feminina, no entanto, é, acima de tudo, uma questão **funcional**, e não "essencial" ("da essência" ou "do ser"). Deus criou o homem e a mulher à sua imagem (Gênesis 1:27). Criou a mulher justamente para socorrer o homem e complementá-lo no que ELE era fraco (Gênesis 2:15-18; v. Gálatas 3:28). Na própria Bíblia, encontramos mulheres mais corajosas que os homens (Débora *versus* Baraque), mais capazes do que o marido, como comunicadoras da Palavra (Priscila *versus* Áquila), e mais comprometidas com Jesus (Maria, Marta e companhia *versus* os apóstolos, na crucificação e ressurreição de Jesus).

Esse fato elimina as diferenças funcionais e práticas no bom andamento do lar? Não. Em Sua infinita graça, Deus designou um membro do lar como líder, protetor e provedor, e outro, como sua companheira, amiga e complemento, para, desse modo, evitar o conflito, o atrito e a confusão na família.

3. **A submissão da mulher não é para todos os homens em todos os contextos.** Alguns homens falam como se todas as mulheres fossem subservientes a eles. O texto bíblico, porém, é unânime e claro ao declarar, não menos de QUATRO vezes, que submissão se oferece **ao próprio marido** (Colossenses 3:18; 1Pedro 3:1; Efésios 5:22; Tito 2:2-5). O jovem namorado não tem direito nem razão para exigir "submissão" da parte de sua namorada, assim como um homem não tem direito de "mandar" na esposa de outro. A hierarquia bíblica aplica-se ao lar e, conforme outros textos bíblicos, a algumas situações de liderança

na igreja. Entretanto, nada na Palavra justifica uma aplicação de "submissão feminina" ao contexto político, empresarial ou social. Devemos tomar cuidado para falarmos o que a Palavra fala, nem mais nem menos.

4. **A submissão não significa escravidão.** Se existe escravidão no lar, o "escravo" é o homem, e não a mulher, pois o homem foi chamado para ser o líder-servo do lar. Jesus entregou ao homem a tarefa de liderar com amor sacrificial e exemplificou essa liderança amorosa pela Sua vida de servo. Infelizmente, o movimento feminista tem escravizado ainda mais as mulheres, "libertando-as" para uma vida em que não somente cuidam de boa parte do serviço da casa e da criação dos filhos, mas saem para ganhar o pão. Alguns homens têm contribuído para esse quadro. Interpretam a expressão "auxiliadora idônea" de Gênesis 2:15-18 como "capacho eficiente", quando, na realidade, significa que a mulher é um complemento do homem — criada de forma diferente, mas ao mesmo tempo semelhante —, alguém capaz de ser para ele uma companheira, um refúgio, um complemento, uma talhadeira para esculpi-lo à imagem de Cristo e um socorro em horas de necessidade! Não há justificativa bíblica para um homem deitado no sofá com um controle remoto em suas mãos, gritando para sua esposa trazer mais um refrigerante da geladeira!

5. **A submissão não implica a autonomia masculina no lar.** Submissão no lar não significa que o homem deve tomar todas as decisões independentemente, sem nenhuma consulta, palpite ou opinião dos outros membros da família. A ideia da criação da mulher foi justamente pela necessidade que o homem tinha (e tem) de ter alguém ao seu lado como companheira, amiga, complemento e socorro. Mesmo assim, há homens que não permitem que a esposa compre um pão francês sozinha, mas saem para adquirir um carro novo, um terreno ou apartamento sem sequer consultar a esposa! Este não é o plano de Deus para os relacionamentos saudáveis no lar.

Agora que preparamos a tela, descobrindo o que submissão feminina NÃO significa, podemos pintar o retrato da nossa "Mona Lisa", a mulher submissa cujo valor é inestimável diante de Deus.

O que a submissão da mulher significa

1. Submissão é oferecida pela mulher ao próprio marido.
Colossenses 3:18 e Efésios 5:22 falam diretamente à esposa. Infelizmente, alguns homens têm interpretado o texto como se revelasse a responsabilidade de eles manterem a esposa "na linha". Deus chama as mulheres para sua responsabilidade de "alinhar-se" debaixo da liderança do próprio marido.

Seria um contrassenso falar de "submissão exigida" pelo marido, em vez de submissão oferecida a ele pela mulher — tão ridículo como a pessoa que diz: "Exijo que você me ame espontaneamente!" Submissão é uma obra do Espírito Santo no coração da mulher. É uma questão entre a mulher e Deus, ou seja, alinhamento vertical com Deus, que resulta num alinhamento debaixo da liderança do marido.

Não adianta o homem insistir em submissão. Cabe a ele orar para que Deus transforme o coração de sua esposa. Semelhantemente, a mulher cujo marido a pressiona para "submeter-se" precisa primeiro avaliar o coração diante de Deus, depois procurar ser uma mulher de espírito manso e tranquilo (1Pedro 3:1-6) e, finalmente, orar pelo marido.

2. Submissão da esposa é uma ordem, e não uma opção.
Mesmo sendo algo oferecido ao marido pela mulher, o ensino bíblico nos faz lembrar que submissão é uma ordem. Essa ordem, a segunda pincelada do artista divino no retrato da mulher submissa, deixa claro que a submissão é primeiro e principalmente uma questão entre a mulher e Deus. A ordem está no tempo presente, ou seja, deve ser contínua, e não ocasional. Deus não chama a mulher necessariamente para entender o plano divino, mas, sim, para cumpri-lo. Podemos afirmar que há um grande perigo para a família que rejeita a receita divina para os relacionamentos saudáveis no lar.

Nestes dias de relativismo e frouxidão moral, alguns afirmam que essa ordem foi uma acomodação à cultura daquela época. O argumento não tem base. O ensino bíblico quanto ao papel da mulher é unânime, transcultural e transtemporal: desde a criação, depois da queda, antes e depois da Lei, antes e depois da cruz de Cristo. Paulo e Jesus não eram machistas, como muitos alegam; muito ao contrário, pois os dois eram radicais extremistas em termos da liberdade e atenção oferecidas às mulheres, numa cultura altamente preconceituosa. Protegeram e elevaram a condição, o *status*, das mulheres por meio do seu ensino sobre a santidade do casamento, a preservação da dignidade sexual da mulher e sua igualdade com o homem em termos da sua posição diante de Deus, em Cristo (Gálatas 3:28).

3. **Submissão significa alinhar-se debaixo do marido.** O terceiro "toque" do artista divino define a submissão. Podemos afirmar que o significado do termo hoje NÃO deriva da ideia de uma "missão inferior" ("sub"-missão), como se a tarefa da mulher fosse menos importante que a do homem. Não concordamos, também, com aquele que definiu submissão como "a arte de saber quando abaixar para que Deus possa bater em seu marido!" O verbo grego traduzido por "submissão" transmite a ideia de "colocar-se em ordem debaixo de". É a ideia de alinhar-se debaixo da liderança do marido, para o bom funcionamento do lar. Isso não existe por causa de uma suposta inferioridade, mas pelo fato de que não pode haver dois chefes no lar. De novo: isso não significa autonomia masculina no lar; apenas que, em última análise, a responsabilidade de liderar recai sobre o homem. A responsabilidade é dele, a culpa será dele, e a mulher fica protegida quando ela segue a liderança dele.

Mais uma vez, podemos entender isso pela ilustração da dobradiça de uma porta. Para que a porta produza o efeito que se espera, alguém precisa alinhar e encaixar todos os anéis da dobradiça, cada qual embaixo do outro. Todos os anéis são feitos do mesmo material, com a mesma resistência. Não é uma questão de inferioridade, mas de funcionamento equilibrado. Para a porta da família funcionar bem, todas as dobradiças precisam estar alinhadas, "no eixo".

Para isso, o homem precisa assumir seu lugar como líder, delegando autoridade, mas não fugindo à sua responsabilidade. A mulher precisa andar em unidade com o marido, seguindo-o e complementando-o, desde que ele não exija que ela desobedeça aos padrões divinos.

4. Submissão na Bíblia significa respeitar o marido. Dissemos que o termo "submissão" significa "alinhar-se debaixo do marido". Ser forçada a alinhar-se debaixo de outra pessoa, sem o devido respeito, é a mesma coisa que opressão. Como sempre, Deus está mais interessado no coração da mulher que no simples ritual da "submissão". Submissão sem respeito é como obediência sem honra. Vemos isso claramente na criação de nossos filhos. Se não atingirmos o coração da criança, produzimos hipocrisia. A mulher que se submete "da boca pra fora" ainda não compreendeu a vontade de Deus para o seu lar. Nesse caso, seria como uma dobradiça que não está totalmente alinhada, está sempre chiando, irritando todos ao seu redor.

Efésios 5:33 resume toda a discussão sobre o papel da mulher, usando a palavra "respeito". Da mesma forma que a igreja deve ser submissa a Cristo, a esposa deve se submeter ao seu marido, com essa atitude de coração chamada "respeito". A palavra original transmite a ideia de "temor", não no sentido de ficar encurvada e temerosa diante do marido, mas num relacionamento íntimo, de honra e consideração, assim como na expressão "o temor do Senhor".

Em 1Pedro 3:1-6, encontramos o reflexo desse aspecto interior de submissão. Deus valoriza o espírito manso e tranquilo da mulher, especialmente no relacionamento submisso diante de um marido que, humanamente falando, talvez não mereça esse respeito. O respeito não existe necessariamente porque o marido é digno, mas pelo fato de Deus o ter constituído líder do lar. Não é respeito tanto pela pessoa em si, mas pela posição que lhe foi dada por Deus. (Essa é a mesma postura que a Bíblia assume quanto à submissão do cristão diante das autoridades políticas, sejam elas justas ou injustas, por serem estabelecidas por Deus.)

Certamente a mulher precisa traçar um limite quando o marido exige algo contrário à Palavra de Deus. Precisa também estar atenta para ver se existem alternativas criativas que lhe permitam obedecer a Deus e submeter-se ao marido.

5. **Submissão na Bíblia requer uma obra sobrenatural no coração da mulher.** O último toque do artista divino acrescenta a ideia de submissão *como convém no Senhor* (Colossenses 3:18). A frase nos faz lembrar que esse padrão é um padrão celestial. Temos de admitir que não somos naturalmente capazes de cumprir tudo o que Deus pede que seja aplicado aos relacionamentos saudáveis no lar. A mulher não se submete natural e espontaneamente ao marido. Da mesma forma, como já vimos, a natureza do homem não é de amar sacrificialmente sua esposa, mas de explorá-la e de usá-la para os próprios fins egoístas. Desde a queda, a tendência da mulher tem sido tentar superar o marido, competir com ele, em vez de ser a "auxiliadora idônea" que o complementa. Então, se a tendência natural da mulher é a de resistir à liderança do marido, e se a tendência natural do homem é a de subjugar a mulher, como podemos voltar ao padrão bíblico de complementação, harmonia e paz no lar? A resposta está no poder sobrenatural e espiritual, vindo como fruto da obra de Cristo na cruz. Em Cristo, as tendências velhas foram vencidas, e tudo se fez novo. Efésios 5:18, que antecede o ensino paulino sobre os relacionamentos saudáveis no lar, nos lembra que uma vida controlada pelo Espírito Santo reverte o quadro criado pela queda. Essa é a única esperança para o lar — uma obra sobrenatural, na qual a vida de Cristo está sendo reproduzida, dia após dia, na vida do marido e da esposa, dos pais e dos filhos. Esse retrato é mais valioso que qualquer pintura misteriosa feita por *Da Vinci* ou outro artista famoso. É a pintura do Artista divino.

Apêndice 1

Caderno de oração

Use esta folha para registrar os pedidos de oração dos outros membros do grupo e as respostas que Deus lhes der.

Data	Nome	Pedido	Resposta

Data	Nome	Pedido	Resposta

Apêndice 2

Perguntas para perfis[1]

Não é raro encontrar pessoas que sentem dificuldade de falar de si mesmas, mas que, com um pouco de encorajamento, podem se abrir e edificar a muitos com suas experiências de vida. Algumas perguntas podem ajudar o entrevistador na sua tarefa de facilitar a transparência num grupo pequeno. No entanto, deve-se ter bastante cuidado na seleção das perguntas, para dirigi-las à pessoa certa e conduzir a entrevista de modo que não ultrapasse o limite de liberdade pessoal ou constranja desnecessariamente o entrevistado.

Diversos

1. Se você pudesse passar duas horas com algum personagem histórico (excluindo o Senhor Jesus e pessoas da sua família), com quem você escolheria passar esse tempo e por quê?
2. Se você pudesse imaginar sua vida no ano 2035, como seria em termos de família, profissão, alvos atingidos e a atingir, e em outros aspectos?

---

[1] MERKH, David J. *101 ideias criativas para grupos pequenos*. São Paulo: Editora Hagnos, 2003.

3. Qual o seu maior temor?
4. Fale sobre uma viagem inesquecível.
5. O que você gostaria de ver escrito como "lema final de sua vida"? Por quê?
6. Se pudesse mudar alguma coisa em sua vida, o que escolheria mudar?
7. Em qual destas áreas você acha que necessita de maior aprimoramento: vida familiar, cuidado físico, profissão ou estudo?
8. Qual a maior dificuldade que você imagina que vai enfrentar nos próximos três meses?
9. Qual o livro que mais marcou a sua vida? Por quê?
10. O que você mais aprecia em seu trabalho?

Casamento

11. Descreva sua lua de mel numa frase de no máximo cinco palavras.
12. Qual a característica ou qualidade que mais se destaca em seu cônjuge?
13. Qual foi o passeio mais "legal" que vocês fizeram durante o namoro ou o noivado?
14. Como vocês se conheceram?
15. Descreva a primeira vez que saíram sozinhos.
16. Como foi o primeiro encontro com os pais de ambos?

Infância/família

17. Quando você era criança, qual foi a sua maior "arte"?
18. Qual a pior doença que você já teve?
19. Você tem maior afinidade com seu pai ou com sua mãe? Por quê?
20. O que sua família mais gostava de fazer nas férias?
21. Qual o aniversário que ficou mais gravado em sua mente e por quê?
22. Quando você olha para os acontecimentos de sua vida, qual deles lhe traz maior alegria? Qual deles lhe traz maior realização? Por quê?

23. Qual a matéria mais difícil que você já cursou numa escola?

Igreja

24. Qual o aspecto mais positivo que você identifica em nossa igreja (ou grupo, escola etc.)?
25. Se você pudesse descrever uma igreja "ideal" para você e sua família, como seria essa igreja quanto ao número de membros, ao horário dos cultos, ao tipo de liderança, ao tipo de atividades etc.?
26. Com que idade você se converteu e a que igrejas pertenceu?
27. Em que área você acredita poder contribuir melhor para o corpo de Cristo?
28. Qual o seu dom espiritual?
29. O que você identifica como a maior necessidade das igrejas no Brasil? Por quê?
30. Como você veio a frequentar essa igreja?

Vida cristã

31. Qual a pessoa que mais influenciou sua vida cristã e como?
32. Se você fosse escolher uma pessoa como seu modelo de vida cristã, para quem olharia e por quê?
33. Qual a resposta de oração mais marcante que você recebeu no último ano? E no último mês?
34. Entre os livros da Bíblia, qual é o seu predileto? Por quê? Qual o versículo bíblico que lhe traz mais inspiração?
35. Qual o pedido de oração que você quer deixar com o grupo?

Apêndice 3

Lição alternativa

Por que grupos pequenos?

> Princípio de construção
>
> *Encontros em grupos pequenos proporcionam mutualidade numa vida cristã genuína.*

■ Objetivos do estudo

Como resultado deste estudo, os membros do grupo devem ser capazes de:

- Ter uma percepção maior da importância de grupos pequenos na vida cristã.
- Compreender os elementos que constituem um grupo pequeno saudável.

- Comprometer-se com o grupo que integram e com esta série de estudos.

TERRAPLENAGEM

Nome e sobrenome

Reúna os participantes em círculo e inicie a atividade dizendo o seu nome, seguido de um adjetivo que comece com a primeira letra do nome e que, de alguma forma, descreva você (por exemplo, Fernando Feliz, Cristina Criativa, Bernardo Bonito etc.). A pessoa ao lado deve repetir o que você disse, acrescentando seu próprio nome e "sobrenome". A atividade prossegue ao redor do círculo, e os seus componentes devem tentar lembrar e repetir o nome e "sobrenome" das pessoas que os antecederam, para depois acrescentar o próprio nome e "sobrenome".

FIRMANDO ALICERCES

Cada casal deve escrever, pelo menos, uma das razões por que deseja participar do grupo; depois, deve entregar as folhas aos líderes da classe.

ERGUENDO PAREDES

O valor de um grupo pequeno

1. **Leia Atos 2:42-47.** Logo após o nascimento da igreja, onde os crentes se reuniam? Por quê?

   _____
   _____
   _____

Os crentes se reuniam em casas particulares que, em sua grande maioria, eram pequenas, comportando poucas pessoas. Na época, não havia igrejas construídas como templos.

2. Quais as vantagens das reuniões realizadas em casas naquela época?

_____
_____
_____

As reuniões possibilitavam maior intimidade entre os membros, encorajamento mútuo, especialmente porque, naquela época, a igreja crescia exponencialmente. Era dada maior atenção às necessidades de cada um, e as refeições eram feitas em conjunto e em oração.

3. Embora nosso contexto tenha mudado muito, ainda existem vantagens nos encontros em grupos pequenos. Como grupo, procurem listar o maior número possível dessas vantagens em alguns minutos.

_____
_____
_____

4. Nos encontros de grupos pequenos, existem também perigos. Procure listar alguns desses perigos, refletindo sobre cada um e sobre como seu grupo pode evitá-los.

Perigos	Como evitar

Propósitos de grupos pequenos

5. Leia de novo Atos 2:41-47. Este é um acróstico que nos pode ajudar a lembrar das atividades dos primeiros crentes em suas reuniões — "C-A-S-A-I-S":

Comunhão
Adoração
Serviço
Aprendizagem
Integração
Salvação

Na coluna central, veja as características e as atividades desenvolvidas pelos grupos pequenos da igreja primitiva, que se encaixam em cada um dos propósitos citados. Depois, procure identificar maneiras atuais pelas quais SEU grupo poderá alcançar os mesmos objetivos:

	Atos 2:41-47	HOJE
Comunhão	Perseveravam na comunhão. Todos os que criam estavam unidos e tinham tudo em comum. Vendiam suas propriedades e bens. Perseveravam de comum acordo no templo. Partiam o pão em casa. Comiam com alegria e simplicidade de coração.	
Adoração	Perseveravam no partir do pão e nas orações. Em cada um havia temor. Partiam o pão em casa. Louvavam a Deus.	

Serviço	Muitos sinais e feitos extraordinários eram realizados. Repartiam com todos o produto da venda de suas propriedades e bens, segundo a necessidade de cada um.	
Aprendizagem	Perseveravam no ensino dos apóstolos.	
Integração	Naquele dia juntaram-se a eles quase três mil pessoas. Contavam com o favor de todo o povo. O Senhor lhes acrescentava os que iam sendo salvos.	
Salvação	Naquele dia juntaram-se a eles quase três mil pessoas. Contavam com o favor de todo o povo. O Senhor lhes acrescentava os que iam sendo salvos.	

INSPECIONANDO A CONSTRUÇÃO

Durante esta semana, procure completar uma ou mais das tarefas dadas a seguir e, na próxima reunião, esteja pronto a compartilhar o que fez:

- Ligar para algum membro do grupo e conversar sobre a primeira aula;

- escrever um bilhete, uma carta ou enviar um *e-mail* de incentivo para algum membro do grupo;
- convidar outro casal do grupo para tomar um cafezinho ou saírem juntos;
- orar especificamente, como casal, pelo grupo e pelos líderes.

ACABAMENTO

Uma palavra final

Delegação e grupos pequenos:

Uma das vantagens de grupos pequenos é a descentralização do ministério, ou seja, a delegação do cuidado "pastoral" de pessoas, o que dificilmente acontece com grupos muito grandes. **Leia Êxodo 18:13-27.**

(?) Qual foi a recomendação do sogro de Moisés?

_____
_____
_____

(?) Por que essas recomendações?

_____
_____
_____

(?) Quais as vantagens da descentralização em "grupos pequenos", percebidas por você nessa história?

_____
_____
_____

Conclusão

Este material começou destacando o versículo que deve servir como lema para todos aqueles que querem estabelecer um lar verdadeiramente cristão: *Se o SENHOR não edificar a casa, em vão trabalham os que a edificam* (Salmos 127:1a). No decorrer destes estudos, examinamos o alicerce do lar que o Senhor edifica. Primeiro, vimos as características de uma família que vive a realidade do perdão de Deus como revelado na cruz de Cristo, uma família onde a graça de Deus reina. Depois, nos aprofundamos no propósito de Deus para a família: o espelhar e o espalhar a imagem de Deus. Essa imagem tem de ser protegida no relacionamento a dois, propagada nos filhos e purificada antes e depois do casamento.

Definimos o que constitui um casamento aos olhos de Deus — um compromisso mútuo expresso em aliança — e traçamos o ideal bíblico para o casamento: amizade, manifesta num jugo igual, cujo objetivo é viver para o reino de Deus.

Finalmente, tratamos das questões fundamentais para o sucesso de qualquer lar: comunicação, finanças, sexualidade e os papéis de marido e esposa.

Nosso desejo é que estes estudos contribuam para a construção do SEU lar, assim como têm nos ajudado em nossa família. Não se preocupem se não conseguirem, desde já, colocar em prática tudo o que aprenderam. Comecem por algum lugar! O importante é que permitamos que o Senhor edifique a nossa casa, para não trabalharmos em vão.

DAVID E CAROL SUE MERKH

Outros recursos oferecidos pelos autores para a família e para grupos pequenos

Considere estes outros recursos, oferecidos por David e Carol Sue Merkh e publicados pela Editora Hagnos e pelos próprios autores:

Série *Construindo um lar cristão*

- Material 2: *15 lições para a criação de filhos*
  15 estudos sobre a criação de filhos, incluindo lições sobre o discipulado e a disciplina de crianças.

- Material 3: *15 lições para fortalecer sua família*
  15 estudos sobre temas e situações preocupantes no casamento, incluindo: maus hábitos, crítica, parentes, finanças, sogros, discussões e decisões sobre o futuro.

Série *101 ideias criativas*

- *101 ideias criativas para grupos pequenos*
  Um livro que ajuda muitos no ministério com grupos familiares e nos vários departamentos da igreja. Inclui ideias para quebra-gelos, eventos e programas sociais, assim como brincadeiras para grupos pequenos e grandes.

- *101 ideias criativas para o culto doméstico*
  Recursos que podem dinamizar o ensino bíblico no contexto do lar e deixar as crianças "pedindo mais".

- *101 ideias criativas para mulheres* (Carol Sue Merkh e Mary-Ann Cox)
  Sugestões para transformar a reunião de mulheres num evento inesquecível, que causa impacto na vida das mulheres. Inclui ideias para chás de bebê, chás de cozinha e reuniões gerais da sociedade feminina da igreja. Termina com dez esboços de devocionais para encontros de mulheres.

- *101 ideias criativas para a família*
  Apresenta sugestões para enriquecer a vida familiar, com ideias práticas para:
  - o relacionamento marido—esposa;
  - o relacionamento pai—filho;
  - aniversários;
  - refeições familiares;
  - a preparação para o casamento dos filhos;
  - viagens.

- *101 ideias criativas para professores* (David Merkh e Paulo França)
  Dinâmicas didáticas para enriquecer o envolvimento dos alunos na aula e desenvolver a melhor compreensão do seu ensino.

Série *Paparicar*

- *101 ideias de como paparicar seu marido*
  Pequeno manual com textos bíblicos aplicados à maneira pela qual as mulheres podem demonstrar, de forma prática, seu amor e respeito por seu marido.

- *101 ideias de como paparicar sua esposa*
  Pequeno manual com textos bíblicos aplicados à maneira pela qual os homens podem amar, servir e liderar, de forma prática, sua esposa.

Outros livros

- *151 boas ideias para educar seus filhos*
  Uma coletânea dos textos bíblicos voltados para a educação de filhos, com sugestões práticas e criativas para sua aplicação no lar.

- *O legado dos avós* (David Merkh e Mary-Ann Cox)
  Um livro escrito por uma sogra, em parceria com seu genro, sobre o desafio bíblico para deixarmos um legado de fé para a próxima geração. Inclui:
  - 13 capítulos desenvolvendo o ensino bíblico sobre a importância do legado, apropriados para estudo em grupos pequenos, Escola Bíblica etc.
  - 101 ideias criativas de como os avós podem investir na vida dos netos.

- *O namoro e noivado que DEUS sempre quis* (David Merkh e Alexandre Mendes)
  Uma enciclopédia de informações e desafios para jovens que querem seguir princípios bíblicos e construir relacionamentos sérios e duradouros para a glória de Deus.

Acesse também:

www.palavraefamilia.org.br

Sua opinião é importante para nós.
Por gentileza, envie-nos seus comentários pelo e-mail:

editorial@hagnos.com.br

Visite nosso site:

www.hagnos.com.br